宇宙と
神様の真実

次元上昇に向かう今、
日本人にしかできないこと

サアラ

大和出版

はじめに

神々との共同創造が始まる

2023年は、地球《テラ》にとっても、この魅力あふれる地球に住む私たち地球人類《テランン》にとっても、そして、皆さんが属している銀河にとっても、私自身が属している先進宇宙文明にとっても、歴史的に特別な年であったと、いずれ振り返って思う時が来るでしょう。激動と、混乱と、激しい変化に満ちたこの年は、地球創生以来いまだ一度も果たしたことがない、地球人類の自立への道がまさに開かれる年だからです。

すでに目覚ましい変化が起きています。この宇宙は、地球と地球人類が、銀河の様々な文明と再び健全な交流を行う準備を整えるために、日々大きな変化が起きていて、正直この原稿を更新するのも追いつかないくらいです。

ここで一つお断りをしておかなければなりません。私自身は今の地球が存在しているこの宇宙から見た並行現実の一つである、先進宇宙文明にも同時に存在しています。ですから、この宇宙で起きていることと、私が属する宇宙のことをできるだけきちんと区別して書くつもりです。しかし、わかりにくい点が出てくるかもしれません。

今までの私の著書の中で書かせていただいてきたのは、私が属する宇宙の様子です。それでは、自分たちには関係ないじゃないかと言われるかもしれません。いいえ、大いに関係しています。その理由を簡単に説明しておきましょう。

「アセンション」という言葉があります。この言葉は、「２０１２年にアセンションが起きる！」といった情報が飛び交い、注目を集めました。しかし、日本では２０１１年3月11日に起きた、日本人の心に深く刻まれ、決して忘れることができない、東日本大震災という大きな出来事と、その後の復興に明け暮れているうちに、「アセンション」はどこかへ頓挫してしまったように、すっかり聞かなくなりました。しかし、この「アセンション」はまさにこれから起こそうとしていることです。

アセンションとは次元上昇という意味です。このことについて、今の地球では、宇宙全体の振動数、もしくは周波数が上昇して、ある特定の領域を超えると起きることだと思われているようです。

実際にはそうではありません。周波数が上昇して、密度が変化しても、次元上昇とは言わないのです。ここにはたくさんの宇宙が存在していて、それらはまるで石けんを泡立てたときのように、たくさんのきらめく気泡がいくつも連なっているように存在しています。

それぞれの宇宙は、それぞれ次元が違います。このように次元の差がある宇宙の間を行き来することを**次元間移動**と言い、個人ではなく、太陽系や銀河という大きな単位で移動することを、**次元間移行**と言ったりしています。

今回テラをめぐる銀河が希望したのは、この大きな変化のチャンスに、私が所属する先進宇宙に次元間移行を果たすということです。ですから、私たちの宇宙はそのための特別プロジェクトを、皆さんの宇宙の時間に換算すると、およそ45億年も前から準備してきました。

これらの詳しい経緯は本文の中でお伝えしますが、ここでは、そのことを頭の隅において読み進めていただきたいというお願いにとどめることにしましょう。

ですから、皆さんが先進宇宙の状況を少しでも知って、今までの地球文明における価値観や概念との違いを理解することによって、すでに始まった、日本が中心となる、まったく新しい地球文明を創造するために参考にしていただくことは非常に有効なのです。

さて、日本人である皆さんや、今回は日本人として生まれなかったけれど、かつて何度も日本人として生まれてきた記憶を持っている人たちが、この重要な時期に何をしようとしているのか？

それは、この先地球の明暗を分けるような一大事業です。そして、この役割は他の誰にも代わることができない大役です。

そのことを皆さん一人ひとりが思い出し、実践、実行していくためには、まず、皆さん自身の祖先である神々について、もっと知る必要があると思っていた矢先、大和出版の佐藤さんから、「そろそろ次の本を作りませんか？」「次は神様の本がいいです！」と、連絡が来ました。

これぞアッパーマネジメント！　まさに天なる采配です。

皆さんにとって、日本の神社にお祭りされている神々は、皆さんの祖先です。そして、その神々がやり残したことを引き継ぎ、成し遂げるために、再び皆さんはこの地球の「日本」という特別な国に生まれてきました。

ですから、この本が出版されることを神々は大変喜んで、協力してくださっています。

皆さんの魂による、この超長期的計画は、いよいよ実践段階に入ります。これから神々との共同創造が始まるのです。

私自身も、やっと地球に生まれてきた役割を実践実行できることに、心が躍ると同時に身の引き締まる思いもあります。

まず第一の仕事として、宇宙の勇者であり、知恵者である皆さんに、心を込めてこの本を綴《つづ》ります。すべての言葉に祈りを込めて。

皆さんの魂の記憶の扉を、ゆっくりと開くようにお伝えしていきましょう。

Saarahat

もくじ

I

そもそも神様とは何者なのか

II

地球人は宇宙のホープ

III

「日本の神々」を知る

IV

イスラエルと日本、そしてエンリルの暗躍

V

地球の進化と日本人

本文デザイン――齋藤知恵子
DTP――青木佐和子

I

そもそも神様とは何者なのか

神々は宇宙から来た地球外生命たち

本来のあるべき信仰とは？

この世界には、神様は一人しかいないとされる一神教と、日本や、エジプトや、ギリシャのようにたくさんの個性豊かな神々が存在する世界や、宗教があります。いずれにしても、神と言われる存在たちは、現実世界に存在する生き物ではないので、皆さんがその実態を知ることは困難です。

ですから、神に対する印象も、宗教に対する印象も人それぞれに大きく違っています。熱心に宗教の神に対して信仰している人もいれば、その真逆で、宗教や神に対して不信感や、嫌悪感すら持っている人もいます。

そして、当然対象が神であれ、宗教的な教えであれ、それ以外の何かであれ「信仰」

というとても大切なことに対しても、歪《ゆが》んだ概念が独り歩きしているような現状です。なぜ「信仰」がそんなに大切なことなのか？　と疑問を持たれる人も多いかもしれません。むしろ信仰心が、現実社会に適応して生きることの妨げになる場合もあると考えられているかもしれません。

しかし、**本来の信仰とは、目に見えない「意識」「心」「思い」「熱意」「意志」などといった作用に深く関わる重要なこと**なのです。ここに挙げた5つの言葉に対して疑いを持ったりはしなくても、自分自身の内に宿るスピリットに対する信仰によって、これらの作用を適切に発揮するということを理解するのは難しいことです。

何にも情熱や熱意が湧かない、意志力が弱くて継続できない、豊かな心をなかなか持つことができない、といった悩みを抱える人は多いのではないでしょうか。実はこの理由は「信仰」と深く関わります。

これから地球は、猛烈なスピードで進化の方向へと歩みを進めるタイミングに来ています。そして、このプロセスにおいて、まず日本人が健全な信仰心を取り戻すことが、地球の明暗を分けるほどに重要なことなのです。

そこで、本来のあるべき「信仰」とはどういうことなのかを考えていただくために、改めて、「そもそも神とは何者なのか」ということについて、深く考え直す機会が来たことを実感しています。

古代遺跡の壁画には、たくさんの「神」と呼ばれる存在たちの姿が描かれています。日本には、古事記、日本書記、そしてそれ以前からあったとされる、先代旧事本紀《せんだいくじほんぎ》、その他にも竹内文書、九鬼文書《くかみもんじょ》、ホツマツタヱなどの多くの古い文献が残されています。そこには、生き生きとした神たちの姿が記されています。

そこで見る神々の姿は、一神教で崇《あが》められている神の姿とは異なり、豊かな感情を持ったユニークな存在という印象を受けるのではないでしょうか。それは、古代シュメール、インダス、エジプト、メソポタミアなど、古代文明を作った神たちも同じであり、彼らは、それぞれの神話に描かれている通り、はるか宇宙の文明からやってきて、地球上に新しい文明を構築した地球外の知的生命体、ETたちだからです。

彼らは非常に発達した文明からやってきたということは言うまでもないことですが、それればかりでなく、それぞれにユニークな性質を持ち、それぞれが違った分野のエキスパートとしての役割を持っていることなどもわかります。

そして何より興味深いのは、私たちが彼らの心理的な要素や、感情、思いなどを理解することができるという点ではないでしょうか。つまり、現代の地球人類と、はるか昔に遠い宇宙からやってきた神々は、共通する部分が多く、わかり合うことができる存在であったということです。

神々が地球人を作り出した

先に挙げた古代文明の遺跡には、現代人を圧倒するような謎の建造物や壁画などがたくさん残されています。それは、長い間地球では存在しないとされて、神格化され、「神」と呼ばれてきた、高いテクノロジーを持つETたちが残した歴史的な遺産です。

例えば、シュメールには最古の文字とされる楔形《くさびがた》文字で石板に書き残された歴史的な記録がありました。この中には、すでに気象をコントロールすることができるテクノロジーが存在していたことを示す記述さえあります。しかし、このような驚くべき事実を封印するために、アメリカはイランとイラクを対立させて１９８０年から１９８８年まで続くいわゆるイライラ戦争を仕掛けて、イラク博物館に保管されてきたシュメール文明の大切な記録を隠蔽しました。

このような出来事は、これまでの歴史上数え切れないほどあります。しかし、今、水瓶座時代に入り、水瓶座というサイン（星座）が象徴する性質通り、隠されてきた事実は明るみに出て、世間に広まり始めました。

しかし、新しい事実を受け入れることは、多くの人々にとって、これまでの人生を無駄にしてきたような感覚や、大きな裏切りを受けることになる、生きる指針を失うなどと感じるために、容易ではないはずです。

新しい時代が訪れるとき、大きく人を二分します。その一方は、新事実を受け入れたうえで、新しい希望を見出すために創造的な選択をし始める人たちであり、もう一方は、新事実を受け入れられずに、強引に過去を生き続けようとする人たちです。

今まさに私たちは、このようなプロセスにあり、多くの人たちが大切な仲間を失ったり、家族間でも意見の相違から亀裂が入ったり信頼関係を失ったりしています。

今多くの人たちが苦渋の選択を迫られています。その理由の一つは、人間関係は、実は潜在意識に大きく影響を与えるので、創造的に未来を切り開こうとする人と、過去を生きようとする人たちが共にいると、互いに心身に支障をきたし、現実的にもうまくいかなくなるからです。

だからこそ、私は多くの人が事実を受け入れるお手伝いをしたいと望んでいます。そして、大切な仲間を失うことなく、多くの人たちが新たな文明へと続く礎を築く力として結集できることを願っています。

そのために、これから私が知る限りのことをお伝えしていきましょう。

このように、「神」と呼ばれてきたETたちは、地球というまだ若い希望の星にやってきて、この地にも社会を作り、新たな生き物たちをたくさん生み出しました。その中には、たくさんの海中生物、動物たち、植物、昆虫やもちろん地球人と呼ばれる新しい人類種《ヒューマノイド》が含まれます。

それでは、地球上で「神」という言葉が使われ始めたのはいったいいつからなのでしょう。神話に登場する神たちはすでに「神」という言葉を使っていたのでしょうか？

そうだとすれば、何を指す言葉だったのでしょうか？

レムリアの記憶

神秘的なことに関心がある人たちは、「レムリア」という言葉を聞いたことがある人も多いのではないでしょうか。レムリア文明は、メソポタミアに登場する文明よりもはるか昔の文明です。レムリア文明やその後に続くムーやアトランティス文明に関しては、残念ながら、最終的に大陸ごと沈んでしまいましたから、残された痕跡はごくわずかです。

そのため、歴史としては挙げられていません。でも、今地球には、これらの太古の文明に生きていた記憶を持つ魂が多く生まれてきているので、都市伝説のような話であるにもかかわらず、疑いを持たずに自然に受け入れている人が多いのはうなずけますね。

ことに日本人の中には、レムリアに生きた記憶を持つ人が多くいます。実際そのときの記憶を鮮明に認識することができる人は、残念ながら今はまだ少ない状態です。しかし、地球の振動数がもう少し上昇して、あたかも直線的に流れているように感じる「時間」というものが立体感を持って創造的に整うことによって、鮮明な記憶を取り戻す人たちが次々に現れるはずです。

レムリア時代は、今から50万年ほど前に存在した文明です。ただし時間の計り方は、その指針となる地球世界の周波数が変化しているためにとても難しいことです。地球の多くの研究者の方たちは、この2万年余りの間に、あらゆる時代、あらゆる文明が凝縮して存在していたように言われている方が多いようですが、私や私の属する宇宙の仲間たちは、レムリア文明が地球上に存在したのは、およそ50万年前のことと認識しています。

この違いは、どの視点から計るかの違いです。つまり、地球から見た地球時間と、より多くの知識を持ち、また高度なテクノロジーを持つ世界から見た「時間」の概念と、地球人の「時間」の概念の違いや、あるいは地球以外の、より密度の高い世界から見た時間や、逆に密度の低い世界から見た時間の違いというケースもあるでしょう。ですから、どちらかが誤りだということはできません。

実際、地球でも竹内文書などに書かれていることは、時間的にも、地理的にもかなり大きなスケールで書かれています。

いずれにしても、レムリアでは、すでに「神」に近い言葉があったと思います。ただし、それは皆さんが今まで使ってきた「神」という言葉が示すものとは違う意味のものです。

ずいぶん異なる「神」の概念

レムリアの重要な神殿の一つが日本の与那国島のあたりの海底に沈んでいます。ここは与那国島からグラスボートを出してもらうと、誰でも見学することができます。何ととなく気になる人や、ピンときた人は出かけてみるのもよいでしょう。実際に見ると、その迫力やエネルギーの強さに圧倒されます。魂の記憶がフラッシュバックするかもしれません。

さて、レムリア文明があったムー大陸は、太平洋上にありました。その西の端で突然亀裂が入り、現在の日本列島や、ニュージーランド、その他のポリネシア、ミクロネシア、メラネシアの島々、そしてイースター島以外の大部分が後に海の底に沈んでしまいます。その痕跡となるのが日本海溝です。

ですから、日本列島はかつてレムリアの最西端だったわけで、レムリアの経験を持つ多くの魂が、今回地球の次元上昇のタイミングで、日本人として生まれてきています。

私自身もその一人です。私はレムリアの霊的指導者であるシャーマンの妹であり、女性神官の一人として、与那国島の近くにあった神殿にいました。つまりその海底遺跡です。もちろん、神殿があるのですから、神が存在するのは当然なのですが、先述の通り、今地球上で多くの人が認識している「神」の概念とはだいぶ異なるものです。このことを理解するのにおそらくまったく抵抗を持たないのが日本人かもしれません。

なぜなら、日本には、アラーやヤハウェやエホバといった絶対的な権限を持つ唯一神という概念がなかったからです。むしろ「八百万《やおよろず》の神」「空」という概念のほうが受け入れやすいと思うのです。

それでも、頭で理解しても、日常生活にその概念を活用して、自分自身の可能性を積極的に探求する創造的な人生にすることは難しいことです。ぜひ皆さんには、そこにトライしていただく熱意を持って読み進めていただけたら幸いです。

誰がレムリア文明を築いたのか？

さて、私たちが今、直近で目指す世界は、レムリア初期、レムリア後期と同等の振動数の世界です。もちろんその当時とまったく同じ文明をこれから構築するわけではありません。それでも、混沌を呈する時代の端境期に立って、何を指針として何を目指したらよいのかわからなくなっている方も多いと思いますので、レムリアについて知っておくことは、多くのヒントを得ることにつながるのではないでしょうか。

レムリア文明は、おおよそ3万年弱という非常に長い間続きました。「ユガ」と言われる地球の歳差運動の周期が約2万6千年ですから、地軸の揺らぎが一周する間のすべてのプロセスを経験した文明です。

その初期には、まだ今の地球人であるホモ・サピエンス・サピエンスは存在しませんでした。ですから、もちろん遠くの宇宙文明からやってきた地球外の知的な存在によって作られた文明でした。

そこに参加した人、つまりヒューマノイドたちは、宇宙のかなり広範囲のエリアから集まった、そのころの若きエリートたちです。つまり、一つの星系からではなく、違ったいくつかの星系から集まってきた異なる種族たちです。そして、彼らが共同研究するためのコロニーが作られました。

彼らはもともと人類だったわけではありませんが、それぞれが進化を遂げた結果、皆直立二足歩行ができて、両手に指があり、道具を使いこなすことができる人類種もしくはそれに近い種族となっていました。その中には、シリウス星系のエリートも、リラ星系のエリートもいて、そのほとんどがこの宇宙ではプレアデンと呼ばれているかもしれません。そして、ニビル星のエリートもいました。

宇宙においては、このようにまったく違った背景を持っている異種属たちが、共同研究を行ったり、共同開発を行ったりすることは珍しいことではありません。むしろ単一な要素しかないグループで行うことのほうが少ないのです。

その意味ではエジプト文明に残された遺跡を見るとわかりやすいかもしれません。エジプトには、たくさんの壁画や像が残っていますが、そこに描かれている生き物は、同じように手足を持って直立しているものでも、ずいぶん姿に違いがあります。これらは、違う種族が共に一つの文明を築いたという証です。

ですから、レムリアのコロニーでは、違った種の宇宙人たちが共同生活を営むことができるように、コロニーは透明なドーム型のルーフで囲われて、その中の環境は、高い技術によって安定した状態を保たれていただけではなく、それぞれの種の生体のニーズに対応できるように、コロニー内に存在するブースは、切り替えることによって、環境を変えることもできました。

レムリア文明の最も大きな特徴は、「所有」という概念がないことです。つまり、私の○○、誰かの○○ということが一切ありません。おそらく皆さんには想像しがたい世界ではないでしょうか。なぜなら現代社会を生きるモチベーションは、ほとんど所有にあると言っても過言ではないからです。

レムリアには「所有」の概念がない

「忘却の旅」と「覚醒の旅」

さて、私たちの魂は、高周波の、密度の濃い世界から、低周波の、密度の薄い世界へと降下する旅と、反対に、低周波の世界から高周波の世界へと上昇する旅を繰り返しています。

ですから私たちは、ワンネスと言われるような、分離がない、より霊的で高い意識の世界から、分離が始まり、密度が薄くなり、物質化し、個という概念が発達した世界へと旅をしてきました。このように周波数の高い世界から降下する旅を「忘却の旅」と呼びます。

そして今、皆さんは個々にバラバラで、それぞれに個性があり、お互いにわかり合うことが難しい世界で、競争や対立、戦いといったことをたくさん経験しています。これは、私たちが最も低い周波数の世界で、底をつくような経験をしていることを示しています。

しかし、最近起きた戦争は、低周波の世界が終わりを告げる兆候と言うことができます。この戦争は、私たちに「戦い」というものがいかに無意味なことであるかを再認識させるとともに、新しい価値観を求めて、多くの人たちが脱エコノミーマインドに向かうようなきっかけとなるでしょう。

こうして今から、自他の差を少しずつ解消しながら、周波数が高まり始めます。このように分離の世界から「統合」へと向かい、人々が霊的叡智と霊的な感覚を取り戻す旅を「覚醒の旅」と言います。

私たちの魂は、この非常に長い旅を何度も繰り返していますが、これらを総じて「叡智の旅」と呼んでいます。

スピリチュアルな感覚を取り戻すとき

さて、これらの旅は、宇宙全体の営みですから、もちろん地球だけに起きていることではありません。「上の如《ごと》く下も然《しか》り」という言葉通り、宇宙に起きていることが地球にも起きています。

というわけで、今宇宙全体に「覚醒の旅」が始まっています。ですから、皆さんが属しているこの銀河の状況も大きく変化しています。この銀河に存在する銀河連合は、今までの状態からは考えられないスピードで、地球に対してもかなり積極的なアプローチをしてきています。

それは、地球、つまりテラそのものの周波数が高まり、人々が霊的感覚を思い出し、徐々に叡智を取り戻し始めているプロセスにあるからです。

しかし、このプロセスでは、それぞれのマインドの状態によって、また魂の計画の違いによっても、霊的感覚をいち早く取り戻し、覚醒する人と、そうでない人がいます。決して早ければよいというものでもありません。それは、必ずそれぞれにとってベストなタイミングで起きるのです。

なかなか覚醒しない人たちは、目の前の現実に振り回されているために、既存の概念に捕らわれてしまって、物事の本質を見抜くことができない。だから霊的な感覚をなかなか取り戻すことができないような傾向があるのではないでしょうか。

私たちは物理的な肉体を持って、現実を創造して経験するためここに生きているのですから、現実に目を向けることや、きちんと取り組むことはとても重要です。現実逃避して霊的なことばかりに意識が向いたからといって、覚醒できるわけではありません。

しかし、現実に振り回されるということと、主体性を持って現実に取り組むことは大きく違います。もし、明確な目的を持って主体的に現実に取り組むのであれば、それは非常にスピリチュアルな取り組みです。

むしろ、このような取り組みこそが、覚醒を促す大きな気づきをたくさん促すでしょう。

「所有」をモチベーションにし続けていると……

日本では多くの人たちが、ヒーリング、チャネリング、透視、霊感、占い、などといったことに興味を持っています。

しかし、このようなことすべてが、霊的な本質と一致しているとは限りません。真に霊的とは何を意味するのかに気づくチャンスも今後はたくさん与えられるでしょう。

霊的な世界観は、今まで皆さんが一生懸命学習し、習得してきた社会概念や価値観とは大きく違ったものです。特に「所有」という、私たちにとってあまりにも当たり前となっている概念が、霊的な感覚を鈍らせ、皆さんにとって大きな不安を抱えたり、人生に失望したりする原因となっています。

もちろん、これは多くを求めてはいけないという意味でも、贅沢はいけないなどという意味でもありません。むしろ私は「贅沢」は、当たり前なことだと思っています。「贅沢」という概念さえ、刷り込まれた洗脳ではないでしょうか。より良いもの、より優れたものを求めることは、知的な生物として当たり前の欲求であり、社会の真の意味での発達や成熟につながります。もし贅沢はよくないのであれば、より良い物作りなど必要ないはずです。そして、高い技術も必要なくなってしまいます。

職人さんが非常に優れた技を磨き、より優れた物を作り出す技術は感動に値します。しかし、そのような物を手にすることがいけないのであれば、矛盾しています。

日本には、優秀な職人さんたちがたくさんいたにもかかわらず、その技術を外国に安値で売られてしまっているのは、本当に残念でなりません。むしろもっと皆が贅沢であってよいのではないでしょうか。

真に良いものを見抜く目を養うことも、文化水準の向上のためには必要なことです。しかし、そのことと、所有欲を満たす行為は、決して同じではありません。

今まで、戦争を仕掛けたり、搾取や略奪などを企てたりしてきた人たちは、まさに所有欲の塊のような人たちです。そして、実はこのような人たちが、今一番危機感を持っているはずです。なぜなら、もうこのような概念のもとで、今までのような獲得ゲームやパワーハラスメント的なゲームを続けることは不可能だと知っているからです。ですから、より非情で激しい行動を起こしています。それはまさに最後のあがきのようなものでしょう。

難しいのは、当たり前として受け入れてきた「所有」というモチベーションを手放さなければならない一方で、先に述べた通り、現実をしっかりと見据えて、自分自身の気づきと成長のために、新しい可能性に向けて積極的に挑戦し続けることを両立させることではないでしょうか。

少なくても魚座時代には、浮ついた現実味のない世界が、まるでスピリチュアルであるかのように思わされてきました。しかし、今は科学が意識や魂といった領域まで研究対象としていますから、スピリチュアルは科学だということに多くの人が気づく方向へと向かっています。

このような時代の端境期にあり、あらゆる物事に対する概念が変化するプロセスにあって、世の中が混沌を呈するのは避けることができない事実です。

レムリア人と奴隷種ホモ・レクサスの関係

さて、レムリア文明は、どの時期もまだ今ほど周波数が低くなかったので、自他を区別する意識が今ほど明確ではありませんでした。ですから、そこに参加した人たちはスピリチュアルな感覚を持った状態で活動していました。

つまり、「所有」という概念を持つことができるほど、分離した意識を持っていなかったということです。

レムリア後期になると、ますます周波数は下がり、コロニー内の人たちの意識が低くなり、同時にパフォーマンスも低下していきます。特に地球環境に対して適応性がさほど高くない彼らのDNAは、機能低下状態に陥ります。

そのため、自分たちよりも地球のコンディションに適応性の高い人間《ヒューマン》が必要になります。ここで作り出されたのが、ホモ・レクサスといういわゆる使役のための人類種たちですが、「使役」という言葉から、黒人奴隷に強いられてきたような過酷な状況を連想するかもしれません。

しかし、決してそんなことはありませんでした。むしろ一人ひとりに敬意を払い、尊重し、適切な教育を施しました。それぞれの自由な意思も認めらました。ですから、今の主従関係のように一方的な支配を受けるのではなく、フェアな関係のもとで自由に暮らすことができました。

このような関係が成立していた理由は、先述の通り、この時代はやはりまだ今ほどに分離が進んでいなかったので、自分と他者の隔たりが今ほど感じられなかった、つまり皆がスピリチュアルな感性を持って生きていたからです。

ですから隷属種であっても、魂を持つ以上、人としての尊厳や霊性を持った同じ生き物であることを、皆が理解していて、このような真理に対して健全な信仰心を持っていました。

これは善悪の問題ではありません。今の社会がそのような関係を築けなくなっているのも、分離が進んだ今の周波数の世界としては必然です。そして、私たちはすでに「覚醒の旅」が始まっていますから、これからの過酷なプロセスは避けることができないにしても、必ず皆が誠実でフェアな関係を築こうとするようになるはずです。

このように「所有」の概念が人間関係を阻害する

現代社会を生きる多くの人は、より多くを得るために、勉強して、学歴や教養を身につけ、知識やスキルを身につけ、善き伴侶を得て、子供も同じような道を歩ませようとしてきました。

そして、幼いうちから他者と比較されて、競争することを余儀なくされるのは、そもそも「所有」の概念があるからです。この社会において安心や安全などないとわかりつつ、それでも少しでも安定した生活や、精神的な安心感を得るためには、より多くの財産やお金を獲得する必要があると、多くの人が信じています。いえ、信じようとしているのかもしれません。

そして、多くの財産やお金を手に入れるためには、社会的信用や安定した地位が必要です。これらを得るために、人は大切な人生の多くの時間や労力を費やすわけですから、人生はまるで、不足の上に成り立つ獲得ゲームのようなものです。

しかし、レムリアの社会では、自分と他者の境界線が曖昧ですから、誰かの手柄という考えもありません。何かに成功したら、それは皆の意識が作り出した現実と考えます。

また誰かの失敗という考え方もありません。もし誰かのミスで何か問題が起きたとしても、その人のせいだといって、責任を負わせるようなことはありません。また、その人を悪く評価することも、責めることも決してありません。失敗もまた必然として起きるものであり、皆の気づきのチャンスとして、そこに関わる者たちの意識が起こしたと考えます。ですから犯人捜しや裁判などはもちろんありません。むしろ学びのために、皆そこに関わろうとさえします。

しかし、現代社会では、失敗した人や間違えた人は、低い評価を受け、劣等感を持ったり、屈辱感を味わったり、罪の意識に苛《さいな》まれたりします。ですから、人から軽蔑されたり、排除されることを避けるために、自分がやったのではないと言い逃れをしたり、あるいは秘密にしたり、嘘をついたりしなければならないこともあるでしょう。

また、自分がしたことでなくても疑われることを避けるために、皆関係ないふりをしようとします。

このようなことは、誠実で豊かな人間関係を阻害し、人が新たなことに挑戦しようとする健全な好奇心と創造性を歪めてしまいます。そのために、社会の成熟や進化の妨げになります。また、それればかりでなく、人間の心に葛藤を作り、これがカルマとなって、次の人生にも多くの影響を与えてきました。しかし今、このような「獲得ゲーム」に疲弊した人たちがたくさんいるのではないでしょうか。「断捨離」や「ミニマリスト」などというムーブメントが起きているのはその証だと思えます。

ワンネスから分離してきた意味

そのころのレムリアの人たちは、自己や他者といった概念が希薄で、もともと一つの創造者、つまり「神」もしくは「創造の根源」「空」であったということに非常に強いリアリティーを持っていました。ですから、「神」や「空」は特別なものであるという感覚ではなく、誰にでも内在する高次の意識だと理解していました。

もともと一つしかなかったものが、わざわざ分離するには理由があります。それは「空」と言われる創造の根源に無限に潜在する可能性を知るという大きな目的のためです。だからこそ、一人ひとりが違った可能性を探求しようとしています。何しろ可能性は無限にあるのですから、分担しなければ遅々として進みません。

ですから、一人ひとり違った性質を持ってこの世界に生まれてきた「空」の化身、それを言い換えると「神」です。

このことについては後ほどまた違った角度からお話ししていくことにします。


当時のレムリアの人たちは、このことを深く理解していました。ですから互いの違いを尊重し合い、認め合い、協調することができる意識状態でした。

つまり、他を圧倒するような特別な存在だけが神なわけではなく、魂を持つすべての存在は、それぞれに独自性を持った特別な存在であり、つまるところ皆「空」の化身としての神であるということになります。

すべての人は、ETであれ地球人であれ、肉体を持つことで分離を経験していますが、元は創造の根源である神の意識でした。ですから、心を静かに保ち、しばし神としての自分を取り戻すことは、誰にとっても重要な時間となります。

与那国島の近くに沈んでしまった神殿は、そのための神聖な場として、誰もが自由に出入りすることができ、静かな時を過ごすためのものでした。

そこにいる神官たちは、そこにやってきた人たちへの奉仕をすることが役割です。その場を清め、高い意識とつながりやすくするための導きをしていました。ですから、そこには何か特別な絶対神のようなものが祭られていたわけではありませんでした。

日本人は神とのフェアな関係を持っている

さて、水瓶座時代に入り、それぞれの独自性を尊重される時代に入りました。この時代に加速度的に地球の周波数は上昇していきます。ですから、今後は現代社会に生きる皆さんも同じような意識の領域へと推移していきます。そうなれば、必然的に「神」という概念は、絶対的な権限を持つ唯一無二の存在で、すべてを捧げ、完全に依存するような対象ではなくなります。

日本の記紀と言われるものや、それ以外のさらに古い文献などに記されている八百万の神々も、宇宙からやってきた知的生命体つまりETたちです。そして、世界中の神話に登場する神々と同様に、それぞれが自由に自分らしさを発揮している様が描かれています。その姿は、私たちに本来の生き方を示しているとも言えるのではないでしょうか。

皆さん一人ひとりに内在する「神」としての意識のままに、自由に生きることができる世界へと、今、地球自身が変容を遂げようとするプロセスにあります。おりしも今年（2023年）3月23日に冥王星は山羊座から水瓶座に移動して、本格的に水瓶座時代が始まりました。

このような中で、日本人が古来信仰し続け、共に生きてきた日本人のルーツである神々と、今肉体を持って現実世界に姿を現した神である皆さんが、常にフェアな関係にあることとは、非常に好ましいことです。また、そうあることで初めて神々との協力関係ができ、共同創造することの意味も理解できるようになっていくでしょう。

はるか昔、地球が持つ圧倒的とも言える可能性に、大きな希望を抱いてやってきた私たちの祖先である神たちは、今もここに生き続けています。皆さんが観光気分ではなく、神聖で清浄な心を持って神社を訪れたときや、日常生活の中でも、心の中で深く手を合わせ、自分自身に宿る神意識につながったとき、誰でも神々と共に生きていることを感じることができます。

神々は、周波数が高い世界で生きているので、姿こそ見えませんが、私たちと共に生きて私たちを常に導き助け続けています。それはまるで、同じ建物の1階で生きている私たちを5階から応援しているような感じです。

素晴らしき地球《テラ》の魂

なぜETたちは地球に引き寄せられたのか?

お伝えしてきた通り、皆さんが神様と呼んでいる存在たちは、宇宙から来た知的生命体、つまりETです。ではなぜ神々は地球よりもずっと進んだ故郷である文明から、はるばる旅をして、わざわざこの小さな惑星にやってきたのでしょう。

地球は決して大きな惑星ではないことは、太陽系の他の惑星と比較しただけでもわかります。

しかし、地球人がアポロ11号に乗り込んで、初めて地球を外から見たとき、地球は青く輝く大変美しい惑星であることを、皆さんも知りました。その美しさに皆息をのみ、感動しましたね。

地球外に住むＥＴたちは、皆さんよりもずっと前から、地球を見ていました。ですから、地球は美しいばかりでなく、一目見ただけでその人を虜にするような、多彩な可能性を予感させる強い生命力を持った惑星だと感じていました。

もし、地球が人間だったらそれは才能にあふれ、しかも機知に富んでユーモアもあり、とても寛容な人物だと言えるでしょう。

人間一人ひとりにそれぞれ魂が宿っています。その魂は、それぞれ固有のテーマを持って新しい可能性を探求しています。そして、それぞれの探求のために必要な個性豊かな才能や能力、感性といった性質を持っています。

実は、まったく同じように、無数にある惑星や恒星には、それぞれに魂が宿り、それぞれ違ったテーマを持って探求をしています。ですから、星たちの魂も個性豊かな性質やポテンシャルを持っています。

先述の通り、ＥＴたちは遠くから、類まれな才能を秘めた地球を発見しました。そして、実際その可能性を知りたくてたまらなくなったのです。

「空」の可能性を探求する使命を持つすべての生き物にとって、健全な好奇心ほど強いモチベーションはありません。

地球にはたくさんの違った種類の生き物を受け入れて育み、調和させながら繁栄させることができる特別な能力があります。宇宙のあちこちに点在していたそれぞれの文明が、そのことに気づいていました。

ですから、ETたちは地球のポテンシャルを試してみたいという猛烈な好奇心と情熱に突き動かされたのです。

ここで一つ付け加えておくと、惑星のテーマに即して、惑星の上に生きることは、そこに住む他の生物にとって、魂の発達のための重要なプロセスです。また、私たちが宇宙の知的な先人たちを神と呼ぶように、知的な先人たちは長い魂の旅をしてきた星たちを神々と呼んでいます。

ですから、すでに生き物のDNAをデザインして作り出すことに成功していた、トップクラスの優秀な遺伝子工学者たちは、こぞって女神テラを訪れて、新たな生き物を作り出し、繁栄させるための研究をしていました。その様子は、まるで生命の実験室のような状態でした。

われらが地球《テラ》の誕生

後続する来訪者たちは、宇宙における時代背景や状況などによって、それぞれ地球にやってきた理由や目的は違います。それは後でお話しすることにして、ひとまず地球の魂についてのお話をしたいと思います。

地球はもともとティアマトという非常に大きな惑星でした。ティアマトは、様々な生命を生み出す水と塩が混ざったものであるとされていました。ですから、シュメール、アッシリア、アッカド、バビロニアなどのメソポタミアにおける神話に登場する、ティアマトという名の女神は海の女神とされています。そして、淡水の神であるアプスとの間に、新たな神々を産み出しています。この女神の原型はティアマトという惑星にあると言えるでしょう。

あるとき、火星がこのティアマトと衝突してしまいます。もちろんティアマトはたくさんの水と塩分を含んでいました。破壊されたティアマトは、あたり一面を混沌と化します。その中から、非常に小さなかけらたちが現れます。それらは塩分をたくさん含んでいるので、塩の結晶がキラキラと輝きます。

それらの美しく輝く破片が点々と存在する様子は宇宙のブレスレットと表現されてきました。


ティアマトがまき散らした混沌の中に、少し大きい塊がありました。その塊は、ティアマトの魂を受け継いだ自覚を持ちます。そして、何かが創造される前の混沌と恐怖の中から、その塊は、自らの強い意志と尊厳を持って、ティアマトの「母性」というテーマを引き受け、自転を始めました。

この工程の一部始終を見てきた人たちがいます。それは琴座《リラ》に生まれてきた全宇宙の全人類種《ヒューマノイド》の祖と言える存在たちです。そのときすでに彼らは非常に成熟した精神性と知性を兼ね備えた賢者たちでした。リラの人たちは、東洋では「如来」と呼ばれています。如来たちは、自転し始めた星のかけらに語りかけ、力強い生命力と才能と豊かな受容性をティアマトから受け継ぐように祈りました。

こうして混沌から新しい星が誕生しました。生まれたばかりの惑星は「テラ」と名づけられます。彼女は自転しながら形を整え、地殻を形成して、海と陸を持つ美しい惑星に成長していきます。

テラは、如来たちが見守る中で、多くの生き物を生み出し、育むことができる特別な才能をティアマトから引き継いだだけでなく、テラに住む多種多様な生き物たちの調和を図りながら繁栄させることができる特別な可能性を持っていました。ですから、彼女は「生命の楽園」を創造するという、とても魅力的なヴィジョンを持っていたのです。

このテラこそ、われらが地球、マザーアースです！

生物学者や遺伝子工学研究者たちがしたこと

そのころ宇宙のあちこちに存在していた、発達盛りの文明の中で活躍する、多くの科学者が、こんなにポテンシャルの高いテラを見逃すはずがありません。しかも彼女は、生命の象徴とも言える海をたたえて青く輝きを放っているのですから。

というわけで、宇宙の優秀な生物学者、遺伝子工学研究者たちがこぞって地球に訪れるようになりました。

地球に最初に乗り込んできたETたちを、「発達盛りの文明」と表現しましたが、その当時、急速に発達していた文明の優秀な者たちは、より快適な生活を求めて、どこに拠点を据えるべきなのか、その環境にマッチして、快適に暮らすために、それぞれの種をどのように改良すべきかを盛んに研究しました。

彼らは非常に優秀な科学者たちで、多くの種族の繁栄に、大いに貢献して様々な文明を進化に導きました。

また、次世代をどう繁栄させるか、どうすれば効率的に生命を維持し、繁殖し、より快適な暮らしを維持することができるか、ということに皆が情熱を注いでいた時があります。その時代の優秀な科学者たちも地球に大変興味を持ちました。

しかし、これらのことは、地球人が開発することを長い間完全に抑圧され、タブーとさえされてきた科学技術です。

具体的に言うと、皆さんは自分たちをより優れた生物に変容させるために、種としての進化を図って、自分たち自身のＤＮＡを操作することはありませんでした。それは、神に背く行為であると教えられてきたからかもしれません。

しかし、宇宙では自分たちの生命維持のために、また、より豊かな経験と繁栄のために、自分たち自身の手で、より効率的に長く生き延びるための研究がなされ、自分という生き物そのものを改良してきました。

これは、私自身が所属している宇宙の話ですが、例えば、食べることに依存して生きると、食べ物がなくなれば生き延びることができませんから、食べずに生きられるように改良されました。そればかりではなく、寿命を延ばすためのたくさんの研究が進み、今では、多くの種の生き物が、いくらでも延命できる技術をそれぞれに開発しているので、死ぬという概念が活用される場面はほとんどなくなりました。

生きることを望むということは、それだけ生きることそのものに、楽しみや喜びを感じられる状態であると言うことができます。

皆さんは今の地球社会の中で千年生きることができるとしたら、喜びますか？

あなたがもし千年生きるとしたら、自分自身についても、自分が生きる社会の在り方についても、もっと真剣に考えませんか？

そして、自分にとっての真の幸福とは何かを深く探求することができる社会、また、それぞれの幸福を実現するための、より良い社会にするための研究や開発に、真剣に取り組むのではないでしょうか。

さて、話が少々脱線しましたね。しかし、この寿命という問題は、皆さんが想像するよりずっと重要な問題です。ですから、この件についてはまた後でお伝えし、改めて皆さんにも考えていただきたいと思います。

低周波時代の「所有」のゲーム

ドラコニアンの価値観、リラ星系人の価値観

レムリア文明が滅んだ後、宇宙全体の周波数がかなり激しく低下していきました。その間、宇宙では大きな変化が続きました。

地球における恐竜期のように、無駄に大きい生き物や、動物のような姿の生き物は、優秀な遺伝子工学者の手によって、どんどん洗練された姿となり、たくさんの生き物が直立二足歩行型となり、ヒューマノイドの仲間がたくさんできました。

そうなると、ただ生き延びるということそのものに対する関心は薄れて、生きる喜びを探求する時代へと推移していきます。

低周波の時代に入り、個別化の認識がかなり発達していましたから、皆さんと同じように、ＥＴたちも分離を経験しています。そのため、それぞれの種族が持っている性質の差も、個体ごとに持った違った性質も明確に表出します。

例えばドラコニアン種の中でも、特に攻撃性が強い遺伝子を多く持った種族は、その攻撃性に対するそれぞれの表現方法が、個々に違って表れるので、あるものは、他者を攻撃することで発揮しますし、また、あるものは自分の目的を達成するために、アスリートのような発揮の仕方をしました。

一方もともと心優しく穏やかなタイプのリラ星系で発生したヒューマノイドたちは、他の者たちの指導やサポートや世話役を引き受けることが多くなりました。ですから、それぞれの分野で役立つための知識や技術を身につけるために、多くの学習や訓練をしました。

所有のために戦い、搾取し、欺く

こうして、価値観の違いが明確化していきます。そして、同じような価値観を持って、目的を一つにする者たちがグループを形成するようになります。

あるグループたちは、あらゆることに好奇心を示し、知的な探求に情熱を傾けました。彼らは、地球で言うところの、科学、工学、数学、芸術、現実と呼ばれるホログラムと意識の相関性や、宇宙の構造などについて多くの研究をしていました。

このグループに関して興味深いのは、どの分野に着手したとしても、彼らが結果的に行きつくところは、常にスピリチュアルな世界観であったということです。

またあるグループたちは、個別化された認識に関心を持って、自他の識別による「所有」という概念に対する探求を始めていました。

次々と新しい何かを所有することに価値を見出したり、自分の手柄といったことに対する優越感を経験したり、新しく面白い経験が次々に起こり、皆夢中になりました。

このように客観的に表現すると、ピンときませんね。つまり、このころの宇宙はまるでカオスです。あらゆる種がより多くを所有し、支配するために、戦い、搾取し、欺きました。それらに攻防するために、あちこちで常に戦争が起きていましたし、戦闘力もだんだん強くなるので、大きな破壊が起きるたびに、より強固なものができるという目覚ましい発達をしていく結果となりました。

この間、地球を訪れるETはほとんどいなくなり、ある意味静かな長い時が過ぎていきました。これはまるで嵐の前の静けさのようでした。

しかし、テラはその間に、自分自身の地殻を変化させ、低周波の世界にふさわしい変容を遂げようとしました。海底火山の噴火や、突然の地殻の隆起などによって、今まで海の底だったところが高い山へと変貌しました。皆さんもヒマラヤの高い山から貝の化石が出土した話などを聞いたことがあるのではないでしょうか。

ムー文明やアトランティス文明を誰が作ったのか

テラの変容期が終わり、再び地球に次々ETたちが訪れるようになります。それはもう大変な勢いです。その中には、レムリアのコロニーに参加した種族と同じ種族もたくさんいました。しかし、彼らはレムリア文明を築いた若きエリートたちとはまったく違う目的を持っていました。

それは先述の通り、すでに宇宙では「所有」という概念が完全に確立されていたからです。

当時の宇宙のあちこちで起きていた戦争によって、故郷を失った人たちが新天地を求めて地球に来たり、自分たちの文明をさらに発展させるために来たり、貪欲で邪悪な性質のETたちが、地球を我が物にしようとして乗り込んできたりするような有様でした。

ですから、そのころの地球は、まるで駆け込み寺のように、様々な理由で地球にやってくるETたちを受け入れていました。

彼らはムーやアトランティスといった文明を作りました。レムリアとは違って、非常に刺激的であり、破壊と再生が繰り返され、何度も滅亡の危機にさらされながらもおよそ3万年の歳月が流れます。

ニビル星から来たアヌンナキという種族の王子エアは、太平洋上にあったムー大陸を中心にして文明を築きます。そして、エアの科学者仲間たちは、後にあちこちに分かれて、新しい都市を作ります。メソポタミア、エジプト、インド、マヤ文明を築いたグループ、中国大陸のヒマラヤのあたりにも、北欧にも、地球上のいたるところにたくさんの都市が次々に築かれていきました。

宇宙のあちこちから、違う事情で、違う目的を持ってやってきたETたちですが、エアという非常に優秀な科学者を中心にして、結果的に優れた文明を立ち上げた者たちは、地球や後々の私たちにも大きな恩恵を残していくことになりました。

その代表的なものはエジプト文明でしょう。エジプトの王家の物語は、神話になっています。しかし、神話となっている部分は、歴史としては受け入れられていません。ですから、地球上の歴史では、エジプトは紀元前3000年ころから始まったとされているようです。

十数年前にたまたま読んだ記事には、最近の解析技術の進化によって、スフィンクスは20万年も前にすでに建造されていたことが判明したと書いてありました。しかし、それっきり、世界が歴史を大きく見直すようなことにはなっていないのが不思議に思えました。

今が決定されたときに過去と未来が決まります。ですから、歴史は決してゆるぎないものではありません。地球の現状は大変うつろいやすく、真実が何かを伝えることは大変難しいのです。しかし、私の見解では、このスフィンクスについての調査結果は正しいと認識しています。私自身の認識において、ムーが始まったころと一致するからです。

世界の神話に登場する日本の神々

エジプトの知恵の神とされ、月神であるとされるトートは、別名ニンギッシュジッダと言います。トートは時間を計る神でもあります。これに関しては、地球では暦を作る神だと理解されているようですが、そればかりではありません。時間を計るというのは、未来の可能性を選択するテクノロジーを開発していたのであろうと、私は思っています。これは宇宙では非常に大切なテクノロジーだからです。

このトート、ニンギッシュジッダは、エアの息子です。

トートはスフィンクスの地下に膨大な資料を残してくれています。そればかりでなく、他の場所にも植物の種などを残していることも伝えています。

実は3日前（2023年5月13日）、トートは私のところに現れ、自分は地球に帰ってきたと伝えてくれました。私が、天岩戸開きに登場する一柱《ひとはしら》の神の名前を忘れて、何とか思い出そうとしていたときだったのですが、突然現れたトートが、「それは、天八意思兼《あめのやごころおもいかね》だ」と教えてくれました。さらに、その神はタロットカードに登場するThe Hermit（隠者）であるとも教えてくれました。そして、再び地球で仕事をするために帰ってきたことを伝えてくれました。

このことから考えても、日本の神と思っている神々は、世界の神々でもあるということですね。

つまり、エジプトでトートと呼ばれている神は、シュメール神話の中ではニンギッシュジッダというエアの息子であり科学者グループの一人として登場するように、日本の神々も別の名で世界の神話に登場していても不思議ではありません。

現に、竹内文書などには、日本の神々が世界で活躍している様子が書かれています。

本来この小さな惑星をさらに小さな国に分けて、それぞれに違う神々がいて、まったく接点がないとしたら、それはむしろ不自然なことです。

どれが正しくどれが間違っているとは言えない

少し話がそれますが、最近は特に、ETたちと長い間コンタクトしてきた人たちが、いよいよカミングアウトするタイミングが来たと感じて、貴重な情報をたくさん伝えてくれているようです。

しかし、その人たちの言っていることが皆一致しているとは限りません。もちろん、私が皆さんにお伝えすることも、他の方たちの情報とは違った部分があるでしょう。それは必然なのです。なぜなら、過去も未来も同じようにたくさんの可能性が存在しています。そして、常に指針となるのは「今」ですから、「今」の状況が変わることによって過去も変わってしまう可能性が常にあります。

ですから、誰かが言っていることが正しくて、誰かが間違っていると、一概に判断することはできません。

私の場合は、今確かに地球人という素晴らしい肉体を得て、素晴らしい可能性を秘めたテラの上に生きるという光栄な現実を経験しています。しかし、同時に私はこの宇宙ではなく、並行宇宙の社会に属しています。

つまり、私の魂は次元間移動をしてきました。皆さんにとってわかりやすく述べると、並行宇宙の一つからやってきたということです。

そのため、私の世界の歴史と、今いるこの世界での歴史は違う点もあります。そこで、私自身が自分の中のデータベースにアクセスして調べたり、また、仲間のETたちの協力を仰いだりして、今改めて勉強中です。

しかし、先述の通り、実際には「今」がすべてです。今がどうであるかによって、過去も変わり、未来も変わります。常に「過去＝今＝未来」の関係にあります。

ですから、ここ最近は日々驚くべき出来事が起きて、大きく流れが変化している中にあって、私はこの原稿を何度も書き直さなければならない事態に陥って、なかなか先に進みません。

ただ、これだけ激しい変化の真っただ中にありながら、当の地球人の大半の人が何も気づかずに変わりない日常を送ろうとしていることに強い違和感を持ちます。それだけ長い間、地球の多くの人が健全な感性を抑圧されてきたということでしょう。しかし、この呪詛のような状態は、必然的に溶けるときが必ず来るので、心配無用です。

II

地球人は宇宙のホープ

宇宙一優れた地球人類の誕生

私たちホモ・サピエンス・サピエンスを作った神とは？

ニビル星と地球では言われていますが、これは実はシップ、人工惑星です。この巨大なシップを本拠地として、太陽系エリアを縄張りとしてきたアヌンナキと呼ばれる民族がいます。

太陽系ですから、当然地球も含まれています。ですから、皆さんが知らなかっただけで、ここはニビルの領土として、長い間アヌンナキに支配されてきました。

皆さんはETという言葉を聞くと、全身が白っぽくてツルッとして、頭髪もなく、目がやたらに大きい姿を連想しませんか？

実は多くのETはそのような姿ではありません。もちろんそのような姿の存在もいますが、私たちと並んでいても、ほとんど違いを感じさせない者たちもたくさんいます。

聖書には、「神はご自分の姿に似せて人間をお作りになった」と書かれています。もちろんこの旧約聖書の部分は、ユダヤ教にも、キリスト教にも共通する部分です。そして、ユダヤ教の神はヤハウェで、キリスト教の神はエホバとされていますが、どちらも人間を作っていません。そして、地球ではヤハウェとエホバは同一存在とされているようです。

では私たちはいったい誰に似ているのでしょう?

これは難しい問題ですね。一言で地球人類といえども、黒い人も、赤い人も、青い人も、黄色い人も、白い人もいますから。ということは、このようにいろいろな人種ができる前の、アーキタイプを作った神がいるということです。

それでは、今の地球人類種ホモ・サピエンス・サピエンスを作った神はどんなETだったのでしょう?

それは、ニビルから来たアヌンナキの王子エアです!

ニビルから来た天才王子エア

エアが地球に来た理由は、シュメールの石板に楔形文字で書かれています。

かつてのニビルは、今の地球以上に社会的荒廃が進み、政治も経済も何もかも行き詰まった状態でした。そのため人々は常に不安を抱えて生活していて、治安も悪く、クーデターが何度も起きていました。そのような状況下で、アヌという勇敢な男が、先代の王と素手で勝負しました。つまり相撲をとったわけです。

そして、勝利したアヌが王座を獲得すると、政権は安定して、やっと一条の光が差し込んだように、人々が希望を持ち始めます。

アヌンナキの科学者は、レムリアのコロニーに参加したことがあるので、地球には若くて元気な地殻があり、その中にはたくさんの金、銀、銅、水銀、ニッケルなどが含まれていること、またケイ素、炭素、ダイヤモンドなどもふんだんに含まれていることがわかっていました。

それらの資源があれば、ニビルの社会は再生可能です。そのためニビルの人たちは、地球に大きな希望を見出しました。しかし、地球はまだまだ若い惑星ですから、どんどん変化しています。そこでまず現状を調査する必要がありました。

エアは、どんな危険が待っているかわからない旅になることを予想して、他の誰もついてきてはいけないと言い、たった一人で地球への長い旅に出ました。そして、地球が十分に安全であることを確認し、また予想通り豊富な資源があることも確認します。

このようにエア王子は、大変高潔で勇気があり、行動力も判断力も持ち合わせたリーダーです。そのうえ、今の地球の分野で言えば、非常に優秀な遺伝子工学博士でもあり、生物学者でもありました。

天才的な王子エアの父であるアヌ王は、同様に非常に勇敢で高潔であり、またよくも悪くも頭脳明晰《めいせき》で野心家でした。それにしても、やっと希望の光が見えてきたわけなので、エアは民衆の期待を一身に引き受けて冒険に出たわけです。

猜疑心が強く意地が悪い弟エンリル

エアには腹違いの弟エンリルがいました。エンリルは生まれたときから背中が曲がり、油断するとびっこを引いて歩くことになるので、常に緊張した状態で虚勢を張っていなければなりませんでした。おまけに、エンリルの母親はアヌ王の正妻で、典型的なタイプのレプティリアンでしたから、強欲で目的達成のためには手段を選ばない性質です。そのため、エンリルは母親に対して強いコンプレックスを持ち、何とか兄よりも手柄を立てなければならないと思うようになります。

一方、エアの母は正妻ではありませんが、優秀なシリウス系の血統を引いていました。彼女はエアをシリウスで教育し、非常に優秀な科学者にしました。ですから、エンリルは常に兄に対してぬぐい去ることができない劣等感を持って育ちました。そのため、エンリルの性格は暗く、猜疑心《さいぎしん》が強く、アグレッシブで、民衆からも嫌われています。

そんな弟をエアは常に気遣いつつも、エアにとっては、弟エンリルもその母親もまったく相いれない性質でしたから、敬遠せざるを得ませんでした。そのエンリルが今度は自分がテラに行くと言っています。息子に手柄を立てさせることで次の王位を狙っていたエンリルの母親も、当然息子を行かせようとします。

アヌ王は、エンリルの気性の荒さや、不誠実さに手を焼いていたので、地球に派遣しておいたほうがよいと考えていました。一方のエアは、自分のそばにおいておけば何かと役に立ちます。しかし、地球に実際に行って様子を見てきたうえに、エアは非常に優秀な工学博士であり、技術者でもありましたから、地球に彼が行かなければ何も仕事になりません。本当はエンリルに地球を任せて、ゆくゆくエアに王位を譲りたかったのですが、そうはいきません。そこで、二人を地球に行かせることにします。

そのころの宇宙の種族たちは、「所有」し合うことに明け暮れていましたから、どのコロニーもある意味自分たちの利益を追求して、他を顧みることを忘れ始めていました。そのような中で、もちろんアヌンナキも例外ではありません。

アヌンナキは、私たちの感覚からすれば、決して穏やかなタイプのETたちではありません。まあ、レプティリアンなのですから仕方ないことですが、エンリルは地球人を食用にしたり、残酷な扱いをしたりしていました。

アヌ王は、自分の国のパワーを強くするために、地球を所有して地球の資源をすべて自分たちが手に入れたいと望んでいました。そして、その願いは叶います。やがて地球を含むこの太陽系をアヌンナキが支配するようになります。

地球の重力はストレスだった

エアが地球に呼んだ仲間たちのほとんどは、エアの大切な科学者グループの仲間たちでした。

しかし、ニビルからやってきた人たちは、当然のことですが、環境の違いからくるストレスで思うように作業ははかどりませんでした。ニビルの1日は平均82時間ほどであるのに対して、地球の1日はたった24時間しかありません。また地球の非常に強い重力も、かなりのストレスになっていきます。

私たちはこの重力に適応する機能を標準装備されているので、ストレスになっているという自覚は少ないかもしれません。それでも、時間が足りないと感じることが頻繁にあるのではないでしょうか？

私は原稿を書いているときには常に「時間が足りない」というマインドトラップにはまって苦しみますよ。

また、皆さんもずいぶん時間が経っているのに、不思議と作業がはかどらないという経験をされてきたことでしょう。このような感覚は、重力場の影響です。

重力が強い世界の時間は粒だっていない状態で、本来瞬間と瞬間は、それぞれ独立しているにもかかわらず、まるですべての時間が、川のようにつながって流れているように感じてしまいます。私はこのような地球の時間に対して粘質のようなものを感じます。

前進しようとしているのに、常に後ろに引っ張られているような感覚と表現するのがわかりやすいかもしれません。

この影響で地球の人たちは、過去の経験に基づいて次の選択をしようとしたり、過去に捕らわれて新しいことに挑戦することを躊躇《ちゅうちょ》したりします。つまり、無意識のうちに常に過去の延長線上を生きようとして、新しい可能性を拒否しています。

誰よりも強く、優秀な存在

エアもはじめのうちは、希望に満ちて作業をしていたので、このような時間のストレスも、肉体にかかる負担もさほど気にならなかったのですが、安定した休息をとれない状態が続いて、徐々に疲労が蓄積していきます。そうなると体が非常に重く感じられるようになっていったので、作業がまったくはかどらなくなっていきます。

そして、エンリルはどんどんヒステリックになって、エアにストレスからくる怒りを容赦なくぶつけてきます。

エンリルはエアに、自分たちの労働を代行する優秀な奴隷を一刻も早く作るように要求していました。

しかし、テラはクローンを拒否していたので、エアは焦燥感を持っていました。しかし、仲間の遺伝子工学グループと共に、改めて新人類を作るトライをする決意をします。

クローンは魂を持ちません。ですから、ロボットのように扱うことができます。しかし魂を持つ地球人を作るとなると、軽い気持ちで臨むことなどできません。

エアは考えました。こんなに重力の強い世界で肉体労働をするためには、あまり鋭敏な感性を持っていたら、苦しみや痛みを感じて辛いに違いない。できるだけ穏やかな感受性を持つものを作ろう。

結果は惨憺《さんたん》たるものでした。感受性が乏しい人間は学習意欲も、好奇心も持たずに、この環境に適応するどころか、免疫機能も低下してすぐに死んでしまいます。

エアはそれまで自分が思うことは何でも成し遂げてきました。人のニーズにもうまく応えることができました。しかし、ここで初めて苦い失敗を繰り返し、自信を喪失します。そんなあるとき、テラがエアに話しかけます。

「私が家族として迎えたいのは、宇宙で一番美しくて、最も可能性に満ちた優秀な地球人です」「あなたなら必ずそんな地球人を作ってくれるでしょう」

テラの願いを聞いて、エアも大きな希望を感じます。そこで今までとはまったく違う方向に研究を進めます。

エアは自分のDNAと、それまで地球にいた優れた種である、ホモ・サピエンスを交配しました。そうして誕生したのが、今の私たちホモ・サピエンス・サピエンスです。ホモ・サピエンス・サピエンスは、12層のDNAを持ち、それぞれが違った周波数帯域に適応することができるようにセットされています。

その見事な出来栄えには、テラも大満足しました。しかも、私たちは他者からの操作がなくても、自分自身の取り組み次第で、すべてのDNAをONにして、自在に使うことができるのです。ですから、私たちこそが、誰よりも強く、どんな存在よりも優秀であり、多彩な能力に長《た》けている人間です。それなのに、長い間使役のために何者かに使われ続けることに耐えられたのは、その強さがあってのことかもしれません。

確かにエアがはじめに試みたような、感受性の乏しい人間は、学習することが困難ですから、肉体労働にはある程度向いているのかもしれませんが、理解力が発達しないので、エアたちとのコミュニケーションもうまくいかなかったでしょう。

しかし、私たちは学習すればするほど理解力も発達し、応用力も発達します。また、それに正比例するように、健康や若ささえも維持する力が発達します。

ですから、テラは地球人に与えられる困難な道も、私たちが実力を磨くうえで必要な学びであるとわかっていたのでしょう。

聖書の「神は人間をご自分に似せて作られた」の真実

さて、聖書に書いてある「神は人間をご自分に似せて作られた」という言葉によって、一部の人は、神は白人を作ったと思っています。

エアは確かに色が白く、非常にスレンダーで背も高く凛《りん》とした存在感を持つ美しい存在です。そして、エアの一番の特徴は先述したリラ人、つまり如来たちによって功績をたたえられ、翼を与えられていることです。

もともと、如来たちは翼族といい、翼がある人たちです。ですから、彼らはよくエンジェルと間違えられたりしてきました。そして、日本や中国では如来は羽衣をまとった姿で描かれますが、羽衣ではなくて、実際には翼なのです。

しかし、ニビルの人たちは、単一民族ではありませんから、様々な姿をした人がいました。

今地球が存在している宇宙の中の現時点でのニビル系種族は、あちこちにコロニーを作って散在しています。ですから、その場の環境により適応性の高い姿や機能を備えたために、少し違った姿になっていたりもします。そして、彼らは何と言ってもレプティリアンですから、もちろんホモ・サピエンス・サピエンスとは違った容姿をしています。

一方ホモ・サピエンス・サピエンスも後から来たETたちによって、よくも悪くも遺伝子操作されています。そのうえ混血が生まれていますから、一人ひとり違った資質も容姿も持つようになりました。

しかし、エアは確かに自分のDNAの一部を使って新しい地球人ホモ・サピエンス・サピエンスを作りました。ですから、最初のホモ・サピエンス・サピエンスはエアに似た人間です。ただし、背は低くて、もちろん翼はありません。

いわゆるアングロサクソン系の人たちの中で、白人至上主義という思想を掲げている人たちが、今までの文明をリードしてきました。これも必然で起きていることです。なぜなら、1994年までは、世界の中心は東経0度に位置するロンドンだったからです。

しかし、このような思想はあっという間に崩れていきます。この文明は今まさに終焉の時を迎えているからです。

ホモ・サピエンス・サピエンスの特徴

DNAが違う、脳が違う

さて、こうして誕生した地球人ホモ・サピエンス・サピエンスは、宇宙にもたくさん存在する他の人類といったい何がどう違うのでしょう。

最初に挙げるべき大きな特徴として、先ほど述べたDNAの違いがあります。私たちのDNAは12の階層に分かれていて、それは12の違った密度の世界に対応可能だということを意味しています。密度という言葉を使いましたが、皆さんがよく言われる次元という言葉が近いのかもしれません。しかし、宇宙では「密度」と表現します。つまりそれは、周波数の違う世界という意味になります。

今までホモ・サピエンス・サピエンスは、12層のうち基底部の最も周波数の低い世界にのみ対応する部分しか使っていませんでした。

それは、多くの歪んだ社会的概念によって、使う機会が失われてきたからです。例えば、この広い宇宙に地球人以外に知的生命など存在しないことは、長い間一般の人たちの常識でした。このような結果、ほとんどの人が目の前の最も振動数が低い形で存在している物質にしか意識が向かず、高い振動数の世界を見ることも感じることもしませんでした。この状態では基底部しか必要ありません。

しかし、昨年末あたりから始まった宇宙の大改革のおかげで、ホモ・サピエンス・サピエンスへの理不尽な干渉に対して、厳しく取り締まる動きが出てきています。そのために、今はすべてのＤＮＡが解放されました。ですから、今後は私たちの取り組みによって、自由にＤＮＡにスイッチを入れることが可能だということです。

しかし、新しい領域のＤＮＡ情報から機能を引き出すために、情報を受容できる脳が必要になります。さて、多くの地球外の人類種と、ホモ・サピエンス・サピエンスの脳は違います。

私たちの脳は、右脳と左脳に分かれているために、一人ひとりが持つ可能性が多くなり、それぞれの個性も豊かになりました。このことは霊的な目で見ると大変価値のあることです。

この宇宙に存在するすべてのものは、有機的なものも、無機的なものも、すべては「空」から作られた「空」の化身です。つまり、すべては「空」の可能性の現れです。また、それらすべてが、さらに新たな可能性を知るためにあらゆる物事を創造し、それを経験するために存在しています。

ですから、より多くの可能性を持っていることそのものに、非常に大きな価値があります。

また、それぞれが独自性を明確に持っていることも、「空」に潜在する可能性の探求を拡大するうえでも、個々に分担するうえでも重要です。ですから、私たち地球人類、ホモ・サピエンス・サピエンスは宇宙のホープと言ってもよいでしょう。そして、実際私たちは多くの宇宙人類に羨望の眼差しを向けられています。

現実世界と霊的意識の架け橋——右脳と左脳を持つメリット①

さて、右脳は情緒的、感覚的な部分と関わる脳であり、左脳は理性や論理的思考と関わるとされています。そして、このような脳の分離はより広い振動領域に対応する感受性を持つことを可能にしています。ですから、覚醒時には、人々は目の前に展開されるホログラムである現実を、より強く感受することができ、また睡眠時には、色鮮やかで鮮明な夢を見ることも可能にしてくれています。

地球上における現実世界は、宇宙の中でも最も周波数の低い世界です。それそのものは決して悪いことではありません。最も低い周波数の世界を創造できたということは、テラの実力と素晴らしい勇気を証明することの一つです。

しかし、私たちはこの低周波の世界に適応できる肉体を持って、ここに存在している分、自分自身の霊的な意識との差は大きく、統合させることが難しくなります。ですから、右脳と左脳に分ける必要がありました。そして、夢という形で、あるいは瞑想のような方法で高自我、つまり自分自身の高次の意識にアクセスする方法を与えられました。

夢は一晩に100以上も見ていますが、そのうちのいくつかを覚えている人と、すべて忘れてしまう人がいます。この違いの最大の理由は、その人が夢に関心があるかどうかにあります。当然のことですが、人は興味を持ったことに対して意識を向けます。そして、意識＝エネルギーですから、意志を向けたところにエネルギーが集ります。

ですから、夢に関心を持つことで、夢について考えたり思い出そうとしたりします。そうすることによって、夢を見ている世界の思考と日常的な思考の間をエネルギーが行き来する回路ができるので、夢を覚えていて、夢の中で経験したことや知ったことが現実生活に活用できるようになります。それればかりか、多次元にわたる様々な質の、様々な夢の中から、必要な夢を選択することさえ可能になります。

夢の世界であるアストラル領域と現実世界の周波数が大きく乖離《かいり》しているのも地球の特徴です。しかし、私たちはこのような脳の構造を持っているおかげで、訓練の仕方によって、低周波の現実世界と、夢のような高周波のアストラルレベルの意識を、自由に行き来し、両方を駆使することによって、様々な可能性を瞬間的に選択することができるのです。

地球の重力でも大丈夫——右脳と左脳を持つメリット②

さて、右脳と左脳に分かれているメリットとしてもう一つ重要なことがあります。それは、地球の強い重力に耐えることができるというメリットです。

先述したように重力そのものは強い力ではありませんが、非常に繊細に人の意識に影響を与えると同時に、時間にも影響を与えています。地球上では人が一つのことに集中して意識を向け続けることは難しく、すぐに散漫になってしまいます。

しかし、重力が強いこの世界では、五感を通して現実を感じる刺激が強いので、意識が散漫になることによって、その刺激を和らげる効果があります。もし、私たちの脳が左右に分離していない状態だったら、意識は常に何か一点にフォーカスされた状態になり、感覚的に強い刺激を受け続けるので、神経が疲弊し切ってしまうでしょう。その状態は、かつてエアや他のETたちが強いストレスを感じて、疲弊したのと同じ状態です。この状態を回避するためにこのような脳の構造を与えられました。

しかし、これから周波数が上昇することによって、徐々に強い重力からも解放されます。そして、私たちは一つの物事に集中し続けることができるようになり、あらゆる物事をクリアに理解することが可能になります。

しかし、散漫な状態が当たり前になっているので、大事なことにフォーカスして集中するために訓練が必要です。訓練方法は、後の章でご紹介することにしましょう。

こんな生き生きした感情を味わえるのは地球人だけ

もう一つ重要なことを伝えておく必要があります。それは、私たちがこの次元の現実を経験することで日常的に起こる感情についてです。

皆さんは無意識に感情を抑えようとしていることが多くあります。それは、地球で経験する感情があまりにも強くて激しいものであるため、現実的に対処しなければならないことに手がつかなくなったり、人間関係を壊してしまったりするからでしょう。

実際激しい怒りを抑え切れずに、大切なものを失った経験や、孤独のあまり死に至ったなどという経験を皆さんの魂は何度もしています。また、恨みや憎しみが大きく人生を狂わせてしまうことも稀ではありません。

このように自分自身の感情をうまくコントロールすることができずに、いつしか心を閉ざして、何も感じられない人になってしまったり、ルールに依存して、関係性に問題が生じないようにした結果、殺伐とした関係しか経験できない世の中になってしまったりしています。

皆さんの脳の中で、感情を作り出す部分は潜在意識と関わっています。皆さんが心臓を動かして血流を起こしたり、呼吸をしたりするのは、潜在意識によって行われています。同じように、感情も潜在意識によって分泌を促されるホルモンや、ペプチドによって作り出されるものなのです。

合成されたペプチドのタイプによって、それぞれ対応する感情が異なります。また、起きた出来事を経験したときに、それをどう感じるかは、過去の自分の経験や、人から教わったり読んだり聞いたりした知識によって識別されています。これらの記憶をストックするのも引き出すのも、ペプチドの合成を行ったり、分泌したりしているのも、同じ中脳領域です。

潜在意識は、生命維持に関わる大切な部分を担っていますから、危険が近づいているときに、恐怖や、時として痛みや苦しみを感じさせなければ、危険を回避できません。ですから、感覚や感情は、できるだけ優先的に感受できるように、非常に大きなエネルギーを持ち、フィールド全体にも、肉体にも、多大な影響を与えます。

それだけ私たちの感情は厚みがあって、重くもありますが、豊かでもあります。このような感情を経験できるのは地球に生き、地球人としても肉体を持つ私たちだけです。

もちろん、ネガティブな意味での感情だけではなく、喜びや、楽しさ、感動といった心地よい感情も、他の世界の存在たちが感じるものよりもダイナミックで、刺激的です。

これらの感情の記憶は宇宙に記録され続け、保存されています。それは宇宙の共有財産だからです。それは、ネガティブであろうと、ポジティブであろうと、どちらも非常に貴重な記憶です。

私たちは、このように力強く豊かな感情を経験したからこそ、これからの大きな困難を乗り越えるモチベーションを強く維持していくことが可能なのです。

もちろん、ＥＴたちに感情がないわけではありません。でも、彼らの感情はもう少し繊細で、広がりのあるものです。また、地球人のように様々な思いが複雑に絡んだ葛藤もありません。彼らは常に何らかの目的に明確にフォーカスされたマインドを保てるので、地球人のような複雑な思いを持たずに済んでいます。

葛藤がないために、悪意に満ちた者たちは、生きている限り悪意を突き通し、善意に満ちた者たちは、生きている限り善意の存在であり続ける可能性があります。

反対に私たちには、常に感情的で衝動的な側面と、客観的に見て理性を働かせる面があるために、どちらかに大きく振れたとしても、自分自身の中で二つの拮抗する要素がせめぎ合い、非常に苦しみながら、より良い何かを模索します。こうして、私たちは、強く生き生きとした感情を経験できるがゆえに、常に新しい可能性を見出すチャンスがあるのです。

作られた地球人類と作ったETの関係

地球人は労働力として生み出された

地球人は、そもそも神々と呼ばれる地球外から来た存在たちの使役用に作られたということは、すでに知っている人たちも多くなってきているのではないでしょうか。特に真実の歴史や社会や政治について関心を持ってきた人たちにとって、このことは特に新しい情報ではないと思います。

それでも、あえて私がお伝えするのは、この事実について今一度様々な視点から理解しておくこと、そして、それを踏まえて私たち地球人が、真の意味で自立する時が来ていることを、もう一度皆さんご自身の魂に確認していただきたいと思うからです。

そして、皆さんは地球人の地球人による地球人のための社会を、初めてここに創造するという、非常に大きな役割を引き受けた魂であることを、改めて自覚していただきたいと思うからです。

ホモ・サピエンス・サピエンスが誕生したころには、地球外から来たETたちが、地球上のあちこちに都市を作っていました。

その中で、有史以降の最も古い文化文明の中心的な役割を担っていたシュメールには、先述の通り、世界最古の文字と言われる楔形文字で石板に刻まれた神話が残っていました。そこに刻まれた内容は、事実であり、まがいもない歴史的記録です。

シュメール以外にも世界中にETたちが残した遺跡を見ると、シュメール神話が実話であることを証明しているように思えるはずです。

これらの遺跡は、明らかに私たち地球人類は、地球外からやってきた存在の労働力として生み出された隷属種だと伝えています。

もともとETたちは、地球以外でも自分たちの適応性が乏しい環境で長期的に滞在する場合、使役種、もしくは隷属種と言われる魂が宿っていないクローンを作ります。それは、現代社会で私たちがAIを搭載したロボットを使うような感覚です。

しかし、先述の通りテラは、地球に機械のような生き物は不要だと拒否しました。彼女はあくまで地球上に多種多様な生き物が調和して暮らすことができる、「生命の楽園」を創造したいのですから、その意向は当然でしょう。ですから、ＥＴたちのクローン作製計画はことごとく失敗に終わります。

今地球ではＡＩをめぐって様々な意見が飛び交っています。人間の就労先を奪うことになって失業者が増える、やがて人類を超える脳を持ち、人類を支配し始めるのではないか、などという意見がありますが、そもそも人間が働かなくてはならないと考えることをやめるべきです。

確かに私たち地球人は、もともとＥＴたちの労働力として作られましたが、テラは決してそれを望んでいません。ですから、大きく時代が変わった今、私たちは、真の意味で地球における主権を取り戻し、今までにはない創造的なことに取り組むべき時が来ました。なぜならすでにテラが待ち望んだ新たな文明への道はスタートしているからです。そのためにＡＩは必須な技術です。

しかし、ＡＩでさえこのように人々を混乱させたり、不安を抱かせたりするのですから、まして生きた人間を作るとなると、彼らも大いに混乱したことでしょう。

メソポタミアに降り立ったニビル星の王子エアと同様に、エジプトでも試行錯誤されていました。しかし、こちらは生まれてきた地球人の肉体に、いかにしてETたちの魂を宿すかという研究が盛んに行われていた様子が壁画に残されています。つまりこれはアバターのテクノロジーというわけです。

とてつもなく進んでいたETたちのテクノロジー

あちこちに点在していたコロニーは、それぞれ違った特徴を持っています。それは、皆さんも古代文明の遺跡に旅をしたり、あるいは書物の中の写真を見たり、絵葉書などを見た様子からもおわかりいただけると思います。

しかし、一方では共通する部分も発見することができます。その一つは、現代科学ではまだ解明されていないような何かを知っていて、とてつもなく進んだテクノロジーを、すでに駆使していた痕跡がたくさんあるというところです。

彼らは天文学を熟知し、占星学に長け、自然をよく理解していました。ですから、太陽、月、それ以外の天体の動きを観察して、それらによってもたらされる影響を熟知したうえで、暦を作る、植栽を行う、もしくは川の氾濫を防ぐ、また大規模な建築などを一気に行うなどしていました。

実際私はエジプトで、牡羊座から蛇つかい座を含む13星座が順番に並んだ黄道13宮の図が天井に描かれているのを見ました。彼らは占星学を使って、様々な未来予測をしたり、宇宙全体と自分たちの在り方や作業との調和を図ったりしていました。

反対にそれぞれの文明には、違ったユニークな特徴もあります。

メソポタミア一帯は、広大で肥沃な大地だったので、農耕が盛んに行われていました。しかし、植えられた植物は食用ばかりではありませんでした。むしろ今は絶滅してしまった薬効の高い植物や、意識を整える効果の高い植物のほうが多かったようです。これらの植物をいくつかミックスした状態で、いぶした煙を使ったり、せんじ薬を使って、今で言うサプリメントのようなものや、薬を作ったりしました。また、メディテーションや儀式のためにも植物が用いられていました。彼らは土をこねて焼き物も作り、様々な道具を作りました。

エジプト遺跡が教えてくれること

一方、エジプトの遺跡群を見ていくと、メソポタミアの文明とは明らかに違う部分が見受けられます。このことからも、エジプトで文明を築いたETたちは、エアの息子で、科学者グループの一人であるトート（別名ニンギッシュジッダ）のように、エアのグループから派遣された者もあったようですが、メソポタミアのETたちとは、違った種も参加していたことがわかります。

大量に残された壁画や銅像や建築物を見ると、巨大なものが多く、すべてがダイナミックでありながら、猛烈に発達していた繊細な量子テクノロジーの片鱗《へんりん》がたくさん見られます。

また、壁画や像として残されたりしている当時の存在たちは、これも多種多様で、単一の種族ではないこともわかります。

奇妙に頭がとがっている者がいたり、腰が非常に大きい者がいたりします。そして、多くの巨人像はほぼ等身大です。カイロの国立博物館には、身長わずか13センチメートルほどの像が展示されています。面白いことに、これもあるET種族の等身大の像なのです。

エジプトにはたくさんの神殿が残されていますが、その大きな特徴は拝殿や拝所がないことです。つまり特別な神に手を合わせて祈っていたわけではなく、レムリアの神殿のように、自分自身の神としての意識とつながり、それぞれの神殿を主催するマスター、もしくは教師であるハトホルや、ホルス、オシリス、イシス（古代エジプトの神々の名。それぞれ、愛と美の女神、天空の神、死と復活の神、豊穣の女神）といった存在たちと会話する場であったし、高度な教育を受けるところでもありました。

そして、遺跡の中には、外科手術などを行うための今で言う病院もあります。それだけをとってみても、現代医学よりも高度な技術があったことがわかります。そして、エジプトにはスピリチュアルな教えを受ける学校がたくさんあったこともわかります。

これらの学校はいったい何のために作られ、誰が学んでいたのでしょう。

実はエジプトでも地球人は作られました。カイロ博物館には、彼らが自分たちの身の回りの世話をしたり、労働力として使ったりするために作った地球人の像がいくつも展示されています。

展示物からも、この時代の神々は、自分が作った地球人を教育して、彼らには、それにふさわしい生活を与える代わりに、自分たちの労働力として協力してもらうような関係を作っていたことが理解できます。

エジプトの地球人のこんな特徴

エジプトで最初に作られた人間は、体毛がほとんどなく、頭部にも髪の毛が生えていませんでした。

エジプトの人間は、皆同じ形のおかっぱ頭をしています。実は、かつらを被っていたのです。エジプトは何と言っても暑いですから帽子替わりだったのでしょうか？　しかし、衣服は着ていません。これも特徴です。

アダムとイヴの話の中に、蛇に騙されて知恵の実を食べてしまった後、二人は自分が裸であることに気づいて、いちじくの葉で腰のおおいを作ったと記されています。

人間たちは衣服を与えられていませんでした。それだけ安全が守られていたということでもありますが、羞恥心というものは、知恵がなければ発達しないことを意味します。人間の子供たちがあっけらかんと裸で人前に出てきたり、自分の作った物を恥じることなく誰にでも見せたりします。しかし、ややしばらくして社会性に目覚めると、自他の差を認識し始めるので、恥じらう感情を経験するようになります。

ですから、エジプトの地球人たちは、学校に通うようになると、それなりにグレードに合った衣服を身に着けるようになります。

壁画の中でも、イシスに仕えるたくさんの人たちが皆同じおかっぱ頭に、同じ長いローブを着ている図はよく見かけます。このように、ETたちに仕えるようになるために、ちゃんと教育を受けていたこともわかります。

ETの支配のもと、人類は何をしていたのか?

裸の地球人は、首には金の首飾りをつけ、同様に金の耳飾りもつけていたりします。皆さんの抱く奴隷というイメージとはかけ離れています。そうです、この地球人たちは決して奴隷ではありませんでした。

このような地球人の体の大きさは、神であるETと比較すると、とても小さいのが特徴的です。よく、身分が低いから小さく描かれているのではないかという意見を聞くのですが、そうではなく、本当に可愛らしいくらい小さかったのです。

このことからも、奴隷という言葉が連想させるような過酷な肉体労働などはさせられていなかったこともわかりますね。

エジプトはナイル川に沿った広大な土地を使って、あちこちに巨大な都市を作っていました。ピラミッドだけでも400以上あるのだそうです。しかし、エジプトには非常に発達したテクノロジーが導入されていましたから、誰かの労働によって建築されたりはしていません。それは皆、半重力のテクノロジーなどを駆使して、建築や運搬はすべてオートメーション化されていました。

ですから、地球人の仕事はもう少し細かな作業です。料理をしたり、薬草から薬を作ったり、衣服の縫製をしたり、儀式の手伝いをしたり、ETたちの身の回りの世話をしたりしていました。これらの仕事をするためには、それぞれに必要な技術を学ばなければなりませんから、地球人のための学校がたくさんあったのです。

もちろんスピリチュアルな学びもたくさんしていました。ですから、地球人たちはおのずと心が発達していきます。

私自身、女性神官の一人としてエジプトに38回も輪廻《りんね》していますから、よく覚えています。たくさんの神官の卵がいて、とても厳しい修行を受けますが、一人前に仕事ができるようになるのは、ほんの一握りしかいません。この一握りの人たちがエジプトの王族や教師たちであるイシスやホルスなどの手伝いをします。

エンリルが成りすましたヤハウェやエホバ

エジプトの神の姿は、壁画にたくさん描かれていますが、頭が鳥であったり、狼であったりするのは、それぞれが属する宇宙の種族の原型を表しています。鳥の姿はもともとリラ星系から来た人たちです。なぜなら彼らは翼を持った翼族でした。狼はシリウス系の原型です。

お伝えしてきたように、彼らは地球人にとって雇用主でもありましたが、同時に教師でもありました。ですから、地球人たちは、きちんと教育を受けることができたので、優秀な者はそれ相応の役割を与えられました。

エジプト文明の初期のころは、当然ですが王様や女王様は地球外の高度な文明社会からやってきたETたちでした。しかし、後の時代になって、優秀でカリスマ性のある地球人が育つと、王になるチャンスをちゃんと与えていました。

一神教と言われるような宗教上の、強大なパワーを持つ神は、人間たちを作ったわけではありません。エアの弟のエンリルも、エンリルが成りすましたヤハウェもエホバもアッラーも人間を作っていません。

さて、先に地球上ではヤハウェとエホバは同一神とされているとお伝えしましたが、どちらも架空の存在でエンリルが作り出した神だという意見もあるようです。

しかし、私が知るところの話をお伝えすると、ヤハウェという存在はドラコニアンの帝国でかなり力を持っていましたが、後に権利を剥奪されそうになると、地球に関わるようになりました。そのような弱い立場にあるヤハウェと取引に成功したエンリルは、ヤハウェに成りすますようになります。

また、エホバは別の星系の王子でしたが、彼もエンリルと同様に強いコンプレックスを持っていました。エホバには姉がいましたが、姉は非常に優秀で人望が厚かったのに対して、エホバは頭脳明晰でしたが体が弱く、また、非常に繊細な精神だったので、王座を譲ることはできないと、父である王に宣言されてしまいました。このコンプレックスと恨みを払拭するために、地球で猛烈な男尊女卑の世界を作り始めました。そんなエホバをエンリルは嫌悪していたようで、彼を追放してエホバにも成りすましてきました。

こうしてエンリルは、先述のような古代文明を作り上げた神々が残した人間や、その子孫を支配して、地球人類が豊かに暮らすためのテクノロジーや科学を封印しました。自分が苦労して作ったわけではないので、血も涙もないようなことができるのかもしれません。このことは、先に書いた『地球人が知らないお金の話』（大和出版）の中でも詳しくお伝えしています。

付け加えると、エンリルは非常に強いコンプレックスを感じていたので、強大なパワーを持つことによって、何とか自分を成立させようとしていました。この点においては、ヤハウェやエホバと共通点が多くありました。

これらすべてのことも、私たちの成長のために必要な経験であり、また今から果たすべきことへの大きなモチベーションとなったことを今改めて理解する時が来ています。

地球人の自立のために尽くすETたち

地球という楽園に生まれた幸運な魂

さて、どこに行ってもたくさんの種類の生き物がいるような、地球の光景しか見たことがない皆さんにとっては、このようにとてつもなく豊かな光景がごく当たり前だと思ってしまいます。それはかえって残念なのかもしれません。

宇宙ではこれほどに酸素が安定した状態で供給され、こんなに緑豊かで水が美しく、多くの生き物たちが共生することができる世界はめったにありません。かなり人工的に手を加えなければなかなか得ることができない環境なのです。

ですからこれまでの全宇宙では、地球上の生物のような酸素呼吸を行う生き物ばかりではありませんでした。しかし、環境に関するテクノロジーが発達していくと、ついにニビルのような人工惑星を作るようになりました。これはいうなれば巨大なシップです。ニビル以外にも、多くの人工惑星、シップが作られて、安定した環境で暮らすことが可能になったおかげで、宇宙の人類たちも、何度も遺伝子を改善されながら酸素呼吸に切り替えられた者が多くいます。

このように、人工的に最高の技術を駆使して、自分たちが生きるための場所を作り上げてきたのは、ETたちの常識のようなものです。（私も含めて皆さんが今存在しているこの宇宙では、まだ発展途中にあるように思えますが）

でも地球ではそのような心配は不要です。暑さや寒さはあっても、地球のすべてが暑くなるわけでもなく、すべての場所が極寒になるわけでもありません。また、人間がコントロールさえしなければ、きれいな水は常に豊富にあるし、空気だって、大きな火山が噴火したときには問題が生じることはあっても、汚れることなどあり得ません。ここは本当に楽園なのです。

だからこそ、私たちの魂は、この世界をぜひ経験したいと願いました。そして、実際地球人として生まれてくるチャンスを得ることができた大変幸運な魂です。

そのうえ今は、高周波世界へと移行するプロセスが始まったタイミングですから、さらに興味深い変化がこれから目白押しです！　こんなに面白い世界に居合わせることができるのは、本当にものすごく特別なことなのです。

高周波世界への移行に立ち向かう私たち

かつてダライ・ラマは、そのことに関してこんなふうにおっしゃいました。

「地球人として地球に生まれてくることを切望する魂の数が、地球上の砂粒の数に等しいとして、今実際に人間としてここに存在しているのは、その中で人差し指の指先に乗った砂粒の数に等しいくらいだ」

まさにその通り！　私たちは宇宙中の羨望の的です。しかし、喜んでばかりはいられないのも事実です。特別なチャンスをつかんで、私たちは今地球人としてここに生きていますが、その分大きな役割を背負っていることも忘れてはなりません。

高周波世界へ移行、つまりアセンションのプロセスは、ただエレベーターに乗っているかのように待っていれば希望する階に着くというわけにはいきません。私たちはこれから、宇宙でも誰も経験したことがない挑戦をしていくことになります。

信じがたいかもしれませんが、実は、先述してきた地球外からの来訪者たちの中には、それぞれ、地球に来た目的も動機も違っていても、自分たちが作った様々な生物や地球人たちの魂とテラが、今現在のタイミングでどんな役割を担う必要があるのかを知っていた者もいます。彼らは、その時が来たら、私たちがどんな状況に直面するのか、どんな問題を抱え、どんな困難に立ち向かう必要があるのかを、すでに予想していました。

予言者プロメテウス

ギリシャ神話には、このことがエピソードとして描かれています。

地球人の男性を作ったとされるプロメテウスは、優秀な人間を作り、きちんと教育して非常に大切にしています。やはり自分が作った人間には、愛情を持つものなのでしょう。

プロメテウスは、知的な生き物である人間に、それらしい生活と文化を自分たちで作ることができるように、火を与えようとしますが、神の世界の王様ゼウスは、人間に火を与えることを猛烈に反対します。そもそも、プロメテウスは、人間ばかりを大切にして、ゼウスを出し抜くようなことをしていましたから、それも気にくわなかったゼウスは、そんなことをすれば、人間はすぐに武器を作って戦争をするに違いないと言います。

しかし、プロメテウスは、人間が自発的に戦争をするのではなく、神たちが人間に戦争をさせることを予知していました。それでも、それも学びのプロセスで必要な経験だと考えました。

なぜなら、やがて人間は神々から独立して、人間独自の新しいテクノロジーを開発する時が来る。その時に備えて、火の学びをする必要があると考えたからです。そして、ゼウスに内緒で人間に火を与えてしまいます。

その結果、プロメテウスはゼウスによって非常に残酷に処罰されます。

ゼウスはプロメテウスをカウカソス山という高い山に鎖で吊るし、大鷲に毎日内臓をついばませます。しかし、プロメテウスは神なので不死身です。毎日激痛に耐えながら大鷲に内臓をついばまれても、朝になるとまた再生してしまいます。このような残酷な仕打ちを2万年も受け続けたとされています。

プロメテウスという名前は、先に知る者という意味です。その名の通りプロメテウスは予言者でした。ですから、自分がそのような仕打ちを受けることさえ知ったうえで、人間の成長と進化のために火を与えてくれたわけです。

宇宙には、残忍極まりない偽物の「神」たちがいますが、一方でプロメテウスのように、自分がどんな犠牲を払ってでも、人間のために尽くしてきたETたちがいることを、ぜひ皆さんに知っていただきたいと、私は強く思っています。

いいえ、私が思うまでもなく、皆さんが直接そのことを知る日は、すでに刻々と近づいています。

ETたちがした私たちのための準備いろいろ

私たちを大切に思う宇宙の兄弟たちは、自分たちのことを決して「神」などと呼ばせたりはしません。地球で地球人たちと共に生きた経験を持つETたちも、同様に、地球人類もETたちも、魂を宿すすべての存在は神であることを深く理解していましたから、自分たちだけが特別だなどと思っていませんでした。

だからこそ、私たちが彼らから自立し、自分たちの力で新しい次元へとシフトすることを願って、地球を去っていってくれました。もちろん、彼らが去った後にも、次々訪れる来訪者があることも知っていたし、その中には、招かざる客と言いたくなるようなETたちが含まれることも知っていました。自分の仲間の中にも、もちろん地球人を嫌う者がいて、その者たちが障害となることも承知していました。

実は、それらすべてを知ったうえで、今この時を迎えた私たちのために、様々な準備をしておいてくれました。まだ見つけられていない遺跡にも、私たちがDNAを上部階層にシフトさせて、ヒトとしての機能を引き上げることができるような装置や、私たちが真実に気づき、覚醒するための資料を残してくれているものがあります。

また、私たちがこれから何を経験するのかを知らせ、それに備えてやるべき準備のための教育ツールなどを残してくれている遺跡などもすでに発見されているはずです。

トートが私に伝えてくれたように、彼らが地球に再び帰ってきて仕事ができるよう、彼らの肉体を地底に保存して、今後必要となる高度な知恵と作用を持つ植物の種なども残してくれました。このことについて少し詳しく話しましょう。

眠りから覚めた巨人が叡智の木を蘇らせる

皆さんは眠れる巨人の話を聞いたことがないでしょうか？　これは都市伝説と言われればそれまでなのですが、ずいぶん昔から言われてきたことのようです。

先にお伝えしましたが、2023年5月13日、私の前に現れたトートは「私は帰ってきた」と言っていました。ニンギッシュジッダという名でも知られるアヌンナキの科学者の一人として、トートはその肉体を20万年近くも地底で守られながら眠らされていました。

トートだけではなく。少なくても他に3名、もしくは6名の科学者がどこかの地底で眠っていたようです。彼らは遺伝子工学博士たちですが、地球における遺伝子工学と、少し違った部分もあるようです。というのは、彼らは皆天文学や占星学にも長けていて、星たちのエネルギーが生命に刻印されることを知っています。

そして、彼らが作った高度な知恵を持った植物たちを、再び地上に蘇《よみがえ》らせるために、長い間眠って、この時が来るのを待っていたようです。それは「アバター」という映画を見た方はピンとくるかもしれません。あの大きな肉体は、まさにアヌンナキの科学者の肉体のように描かれています。もちろん皆さんも、今魂が使っている肉体は、地球に適応するための、地球バージョンの肉体ですが、他の領域ではまた違う肉体を得ることになるでしょう。

映画に出てくるアバターは、そこに意識をつなげることによって、自由に動かすことも、その肉体を使ってあらゆる感覚を感じ取ることもできましたね。トートたちの肉体も同じです。そして、彼らは保存された肉体に帰ってきたのです。エジプトにはファラオたちの肉体がミイラとして保存されていますが、ミイラではなくて、本当に生きている眠った肉体です。それは、素晴らしいテクノロジーです。

そして、映画の中に大きな木が現れます。その木は叡智を持った木でしたね。そして、すべての生命の調和を図ることができる木でした。

実はトートたちがここに復活させようとしているのは、まさにあの映画に出てくるような叡智を持ってあらゆる生命の営みを支え、癒し、知恵と気づきを与えてくれる木なのです。

聖書の中のアダムとイヴの話の中で、神に成りすましたエンリルは、アダムとイヴに知恵の実だけは食べてはいけないと言いました。それは、もちろん、しかるべき教育を受けてはいけない。という意味でもありましたが、そもそもその木のそばに行けば、もしくはその実を食べれば、九龍（147ページ）と呼ばれる叡智の源とつながることができるような木でした。

この植物だけではありません。トートは、昨夜私の夢の中で、私たちの肉体を常に健康に維持し、また若さを維持することができ、常に宇宙とつながった意識状態を保つことができる不思議な泉のような木を育てるとも教えてくれました。

新しい次元の夜明けは、このような知恵を持つ大きな木が地球を支えている世界です。そして、もう一つの特徴はユニコーンたちが皆の前に姿を現すことです。

何も心配しなくていい

しかし、今から始まる地球人による楽園のような新しい文明の創造のために、かつて宇宙から来た教師たちが残してくれた遺跡などは、見つけた人たちがどのように調査し、研究、理解して、どのように扱うかが大切であることは言うまでもありません。

もし、このような遺跡などを発見して丁寧に調査してくださった人たちがいたら、その人たちは、必ずや残していったETたちとのコンタクトが始まっているはずです。もちろん、反対に何か自分の利益のために使おうとする人が発見してしまう可能性もあります。

それでも、私たちは何も心配する必要はありません。なぜならすでにこの世界の大きな変化の流れに逆らうことはできないからです。

もしかしたら、悪意ある人がトートの仲間の科学者の肉体や、植物の種を発見したとしても、非常に優秀なETたちがそうなることを予想できなかったとは思えませんから、彼らの意図的な働きによって、発見した人たちや、調査や研究に関わった人たちの意識は内なる神聖な意識と融合するかもしれません。

ですから、これらの叡智が詰まったものを、勝手に悪用できるとも思えません。


私たちは、いずれにしてもこれから夢に見るような世界を私たちの現実として、目の当たりにすることになるでしょう。

私の思う宇宙に関するディスクロージャー、つまり情報開示とは、空一面のＵＦＯが人々をパニック状態に陥らせるようなものではありません。もちろん、最近はＵＦＯを目撃するチャンスが非常に多くなってきていますし、このように、今まで不可解とされてきた現象に対しても、否定的ではなくなった人が増えています。

それでも、もし私たちとは違った肉体を持つＥＴたちが突然目の前に現れたら、恐怖する人がほとんどでしょう。

しかし、このような外側から起きるディスクロージャーではなく、地球内部から起きるディスクロージャーのほうが自然だと思うのです。そして、同じように思ってくれる宇宙の仲間たちもいてくれることに安堵《あんど》します。

エアとエンリルの戦い

善良なET、タチの悪いET

地球人に対して羨望の眼差しを向けるETたちがいることをお伝えしましたが、彼らは決してただうらやましがっているわけではありません。

私たちがこの先宇宙の新しい可能性を切り開くこと、また、宇宙全体の進化にとって、大きな推進力となることを楽しみにしています。だからこそ、このタイミングに合わせて、彼らは多大な力を注いで私たちを守ってきました。

しかし、一方で、私たちの可能性に大いに嫉妬の目を向け、未来の可能性を阻害したいと望むようなETたちも存在します。

特に攻撃性が強く、歪んだ性質を持つETたちは、自分たちのそのような性質に対して、否定的な考えを持ったりしません。また、エンリルのようにある意味繊細な部分を持ち、強いコンプレックスを持つタイプの者たちは、かなり執拗です。

なぜなら、コンプレックスは常に強力なモチベーションとなり、情熱を燃やし続ける媒体となるからです。

特に、地球人に刷り込まれたような善悪の概念を持ち合わせないETたちは、うらやましいほど良心の呵責《かしゃく》などとは無縁です。ですから、そのタチの悪さは普遍的とも言えるでしょう。

こうしてエンリルは「神」を名乗った

エアもプロメテウスと同様に、自分の渾身の作である宇宙の中で最も優れた地球人に、ぜひその可能性を思う存分発揮してもらいたいと願います。ですから、ニビルに連れ帰ってまで地球人を教育しました。その中でも優秀な人たちは、ニビルでの仕事に就きました。

一方、この様子を見ていた弟エンリルは激怒します。弟はゼウスのように、人間に知恵を与えたり、テクノロジーを与えたりすることに猛反対します。そんなことをしたら、あっという間に地球人はニビル人たちに反抗するようになる。そして、反乱が起き、自分が思うように支配することができなくなると考えました。

そこで、あの手この手で、地球人たちの持っているあらゆる力を抑え込もうとします。それに対抗して、もちろんエアは地球人たちをかばい、さらに高度な教育を与えようとします。

この話は、まさにアダムとイヴの話です。エアは自分のDNAを与えてアダムを作ります。しかし、ホモ・サピエンス・サピエンスは、エア自身以上に優れたスペックをたくさん備えています。それは先述の通りです。

そんなアダムは強い生殖機能を備えていましたから、種族を自力で繁栄させることができます。ですからエアは女性であるイヴを作りました。

しかし、この人間たちがどんなに優れているか、詳細はエンリルには伝えていませんでした。聞き分けがよく、従順で、仕事をよく覚える優秀な奴隷が誕生したとばかり、エンリルは思っていました。

しかし、どうやらそうではないことにエンリルは気づきます。そこで、エンリルは自分が神だと言い聞かせ、アダムとイヴに知恵の実を食べてはいけないと言います。

つまり、エアの研究者チームが作った「叡智の木」から叡智を受け取ることも、学習することも禁止しました。

しかし、エアはそんなエンリルの企みをよく理解していましたから、彼の脅しに乗らないように、たくさんの教育を促しました。宇宙の森羅万象の秩序を教え、何が正しく何が過ちなのかを考えさせました。そのエアが、イヴをそそのかした蛇として聖書の中では描かれています。

エアは、エンリルがこれ以上魔の手を人間に差し伸べることを避けるために、アダムとイヴをテラに預けます。そもそもこの二人を望んだのはテラですから。テラは、この二人に地球での生き方を教えました。

他の動物たちを侵害しない生き方でした。「どんな動物も、あなた方が自分自身の手で捕獲できたのなら、食べても構わない。それは必然の循環なのだから」「しかし、最後の血の一滴まで余すことなく生命の循環のために活用しなさい」「どんな植物も、あなた方が真に望むのであれば食べなさい」「しかし種は食べてはならない」テラは彼らにこのように教えました。

エアが地球上の太平洋上に存在したムー大陸に作ったコロニーで、アダムとイヴの子供たちは子孫を繁栄させて人間はどんどん増えました。

ムーはレムリアの後にできた文明です。これはエアが中心となって作ったコロニーでした。

エアはここではエンキと呼ばれていました。そちらのほうが馴染みがある人もいるかもしれません。でも、宇宙では今でもエア、もしくはイアと呼ばれることが多いように思います。

二極の世界を嫌う人たち

さて、周波数の低下は、もちろん宇宙全体に起きていたわけですから、宇宙の他の文明でも同じような現象が起こっていました。

周波数の低下は、まず二極の差を広げます。ですから、宇宙のあちこちに存在する文明の中で、激しい格差が生じ、分離を始めます。

わかりやすく言うと、宇宙社会において良い評価を受けることができないETたちが結託するようになります。そして、彼らは詐欺まがいの行為によって、他のETたちが、どこにも属すことができずに、社会の隅へと追いやられると、そのような者の中でもカリスマ性がある者がリーダーとなって、組織を築きます。そして、他の組織を欺き、評価を得られない代わりに、より多くを所有することによって、権力を握ろうとしました。

こうして「所有」から「パワー」へとゲームの駒をさらに進められます。つまり権力による支配のゲームへと進化を遂げていきます。

政治や行政機関は、社会の中で皆が認める権力の象徴です。しかし、このような背景を考えると、いつの時代も、権力＝正義というのはまったくの幻想でしかないということがわかります。

また、進化というと、善き方向へと向かうことばかりをイメージしてしまいますが、霊的な世界に善悪はありません。皆さんは道徳観や宗教的な教えをスピリチュアルだとする間違った認識を与えられてしまったので、この点がなかなか理解できない状態に陥っています。

しかし、「愛」とはすべてを受け入れることだと聞いたことがある方は決して少なくはないでしょう。現実世界に生きていると、どうしても善悪、良い悪い、優劣などの区別をつけて評価しようとしてしまいます。しかし、愛とは文字通り善も悪も、優れたものもそうでないものも、美しいことも醜いことも、何もかも受け入れてこそ愛なのです。

「空」が持つ無限の可能性の中には、当然良いとされることも、悪いとされることも含まれます。それらすべてを空自身が知りたいという動機によってすべてが創造され、空の化身である私たちはそれらすべてを経験することによって、空に知らせる役割を担って生まれてきたので、良いことばかりに偏ることはできません。

また、二極の世界は、当然個々に分離した世界でこそ成立します。今私たちが存在するこの世界がアセンションに向かう最後に、善や悪というような二極の象徴となる概念が、現実的な出来事として顕著に表れるのは、この次元を確実に修めるための現象です。

話を元に戻すと、二極の対立が激しくなった、そのころの宇宙は、あちこちで戦争が勃発していました。このような状況で行き場を失った人たちや無意味な戦争に嫌気が差した人たちが、ムーに次々とやってきました。そこはまるで難民キャンプのような状態でしたが、非常に手際よく整えられて、大きな繁栄を見せていました。

ムーの繁栄とクーデター

このような状態を許せなかったエンリルは、軍事的な手段を投じて、クーデターを起こしました。しかし、エアは最初からエンリルの計画を知っていたので、宇宙の仲間や行き場を失ってやってきたETたち、そして地球人たちを連れて、早々に新天地に移る準備をしていました。そこには万全のセキュリティーシステムを導入し、強大な軍事力も備えて、何もかも新しいテクノロジーで固めました。エアの本領発揮といったところでしょう。エア自身が工学博士ですから、その仲間たちも非常に優秀な科学者や技術者たちでした。

これがAtlantic Ocean、つまり大西洋に存在したアトランティス文明です。

現代の科学技術者たちが訪れても驚くような、高度なテクノロジーがあちこちに使われていました。特にクリスタルを使ったユニークな技術がたくさんありました。これ以降、この技術は宇宙の多くのコロニーでも採用されるようになりました。

エンリルの復讐、そして地球人の悲劇

アトランティス社会の変容

アトランティスの初期は、技術面ばかりでなく、社会の仕組みもうまくいっていました。

私はある日、大きなシップに乗せられた夢を見ました。そして連れて行かれたところは、アトランティス社会でした。

シップには大きな窓があり、その窓の外にとても美しい地球が見えていました。そして、吸い込まれるように地球に近づき、ハッチが開くと、私の体は地球のどこかに降ろされました。一瞬怖いと思ったのですが、気づくとそこは大きな広場でした。

美しいピンク色のシルクの上着を着て、シルバーグレーの幅の広いネクタイをした、まるでディズニーキャラクターのような小太りの背の低い男性が案内してくれました。そのとき初めてそこがアトランティスであることがわかりました。

男性の言葉は、はじめのうちはさっぱり理解できませんでしたが、しばらくすると、私に備えられているらしい翻訳機能が作動し始めたようで、何を言っているのか理解できるようになりました。

皆それぞれが思い思いの活動をしていて、それぞれの資質、技術、出来栄え、成果などは非常に正しく評価され、適正な待遇を社会が与えることで、皆が納得する社会モデルでした。

町には非常に緑が多く、あちこちに噴水のようなものが見られます。どうやらそれは、噴水なわけではなく、水を使った新しいテクノロジーのようです。水が流れることによって、そこに暮らす人々やそれ以外の動物や植物との間に、コミュニケーションがとれるようにできているというような説明を受けました。

そこの人たちは、皆親切で頭がよさそうに見えました。動きも機敏で無駄がありません。だからと言ってガサツなわけでも、せかせかしているわけでもありません。皆それぞれ自分に似合うエレガントな服装をしていたのは興味をそそられました。

突然場面が変わりました。広場の左手の奥には、高級住宅街のようなものが見えています。先ほど見ていた光景に近いような、穏やかで美しい光景です。そちらのほうに行こうとすると、突然女性の悲鳴が聞こえました。振り返ると、広場の隅のほうで、男性二人が女性を引きずってどこかへ連れていこうとしているようです。

先ほどのピンクの上着を着た男性に何が起こったのかと尋ねると、「この時代になると、こんなことはしょっちゅうあるんだ」と答えます。どうやら先ほどよりもずっと後の時代のようです。

「あんなふうに怠惰になると、ろくなことをしなくなる。何も努力をしない自分が悪いのだから仕方ない」と言っています。

どうやらこの時代に入ると、極端に格差が広がっていくようです。先に述べた通り、宇宙全体の周波数低下現象の影響は、アトランティスにも及んでいました。

広がっていく格差

類は友を呼ぶという言葉がある通り、優秀な人たちは優秀な人同士でコミュニティーを作り始めます。その人たちは、互いを刺激して、良い意味での競争意識を持ち、互いの能力を創造的に引き上げ合っていました。

このようなコミュニティーに生まれてきた子供は、優秀な遺伝子を受け継いだ優秀な人になります。

一方何をやってもあまりうまくいかない人たちは、それはそれで似たような人たちが集まってコミュニティーができていきます。ですから、そこに生まれてくる子供たちは、はじめからあらゆる意味でチャンスが少ないので、良い素質があったとしても芽を出すことがなかなかできない子供たちとなります。

もちろん、本来人に優劣などありません。しかし、アトランティス中期以降の社会は、現代社会とよく似た評価社会でした。ですから、人は望まなくても常に評価にさらされ、社会が望むことに応えられなければ、ダメな人間だと評価されてしまいます。そのために多くの人が、自分らしさや自分の純粋な望みを度外視して、社会で高評価を受けるために努力していました。

しかし、何をやってもうまくいかないと、人はだんだんと嫌気が差して、魔が差したような行動に出てしまったりします。この点に関しては、ＥＴたちも同じでした。

後でわかったことですが、私が夢だと思っていた、アトランティスへの旅は、実は夢ではなく、実際に行ってきたのでした。

文明崩壊をもたらしたエンリルの暗躍

さて、残念ながらアトランティス社会は後期に入ると、公平な審査や待遇などはまったく見ることがなくなります。その理由は、エンリルが陰でコントロールしていたからなのです。

そもそも、アトランティス社会において、中心となる都市に住めるのは、エアを含めて、ごく一部の人たちでした。それは、セキュリティーのためにそうしたのですが、一方で、格差が生まれてくると、やっかみも含めて、差別だと感じて、不快に思う人たちもいました。

そして、先述の通り、優秀だと評価される人たちの居住地区と、うまくいかない人たちの居住地区の環境の差は、皆さんにも想像がつくのではないでしょうか。このような格差が、人々の意識を分断し、内部抗争などを起こす火種となっていたところに、悪知恵が働くエンリルはうまくつけ入る策を思いつきました。

軍事的にも技術的にも、アトランティスには太刀打ちができないと悟ったエンリルは、一般の人々の心理を操る作戦を思いつきます。

まず大勢の人を送り込むのは不可能でしたから、一人ずつ優秀な情報工作員を、次々にこっそりと潜入させました。そして、周囲の人に社会批判思想を植えつけます。

次にエンリル自身は「神」という目に見えない強大なパワーとなります。その神の教えを伝えているのは、情報工作員というわけです。この教えは、人々を裁き、罪悪感を植えつけます。人は自責の念を持って自己信頼を失い、弱化していきます。そこにさらに「地獄」という仮想の裁きと永遠の拷問を信じさせることで、人々を恐れさせ、恐怖でコントロールしていきました。

エンリルは恐ろしいことに、このようにして、歪んだ信仰を作り出しました。ですから、すでにアトランティス後期には奇妙な宗教観が始まり、「神」という概念も不当に扱われ始めます。

また、すべての人をコントロールすることは難しいので、人々が互いに監督し合い、コントロールするように仕向けます。そうなると、もう人間関係は心を通わせる温かい関係ではなく、互いを評価し合う殺伐とした関係へと変化していきました。

特に人の恐怖や不安を利用して、他者を自分の思い通りに支配するということがしきりと行われるようになり、多くの人が常に不安を抱えながら生きることになります。

このようにして、エンリルは、次第に大きなプロパガンダを仕掛けるようになりました。そして、ついにはアトランティス文明を内部から崩壊させていきます。

信頼関係はなく、誰もが孤独

エンリルは、地球人と違って、良心の呵責に悩んだりしません。エンリルは地球に関する全権限を自分のものにしようとしました。ですから、その邪魔となる兄の力を完全に抹殺するため、この先エアが、どの世界に何に転生したとしても、決して逃れることができない呪詛《じゅそ》をかけてしまいました。

それまでエアは、地球人からも、同じニビルの仲間からも絶対的な信望を集めていました。しかし、エンリルが神に成りすまし、強大なパワーを持って、人々を洗脳したので、仲間でさえエアを忌み嫌い悪魔のような扱いをするようになります。

シュメール神話の中では、エアがその地位を追われ、蛇沼に追い込まれた後、地球人たちは狭くて不衛生な小屋に家畜のように押し込まれて、過酷な労働を強いられる日々となった様子が書かれています。

しかし、そのような扱いを受けた地球人たちですが、彼らは幸か不幸か地球に対する適応性が高く、生命力が強いために、プロメテウスと同様に、簡単に死ぬことができませんでした。

過酷な労働や、劣悪な環境にも耐えることで、むしろより強くなって、繁殖します。ですから、シュメールの石板には、神々が、つまりエンリルとその仲間となったETたちが、増えすぎた地球人をどうやって大量に殺処分するかについて話し合っている場面もあり、定期的に大量虐殺をしてきたことが書かれています。

その方法として、疫病を流行らせることや、大洪水が挙げられます。それでも人類はここまで増え続けました。

これが私たちの祖先です。今は犯罪を犯すか、極悪な組織の餌食にならない限り、公には物理的に鎖でつながれたり、投獄されたりすることはめったにありませんが、歪んだ道徳観や宗教観を押しつけられ、恐怖という名の目に見えない鎖につながれていました。また、正義は不正であるかのように吹き込まれ、悪はさも善意であるかのように横行していました。

そして、悲しいことに、最も愛すべき親子や兄弟が互いを監視し合うような関係にさせられて、真の意味で心が通う信頼関係は、まったくなくなってしまいました。人は皆孤独になり誰とも協力関係を作れない状態になったために、エンリルに対抗することが一切できなくなってしまいました。

悲劇は今でも続いている

さて、この話を読んだ皆さんは、「あれ？　これでは現代社会と何も変わらないじゃないか」と、思った方もいるのではないでしょうか。その通りです。恐ろしいことにいまだにずっと続いてきたということです。

宇宙では地球人類の素晴らしさは周知の事実です。知らないのは、むしろ地球人自身です。ですから、私たちの可能性を非常に楽しみにして、協力しようとしてくれるETたちも、もちろんたくさん存在します。しかし、一方では、エンリルのように地球人を憎み、未来の可能性を阻害したいと望むようなETたちも存在します。

そして、今の地球が属している宇宙世界は、いまだに戦争があり、対立や抗争が常に起きています。そのために銀河連合は、間に入ったり、時には戦わなければならない状況に陥ります。ですから、地球だけのために活動することはできません。

そして、私たち地球人は、本来誰よりも強く、どんな種族よりも知的で優秀な生き物ですから、今の社会の非常に困難な状況も、私たちが突破することで、私たち自身が自分の実力を知るチャンスです。

いずれにしても、今銀河連合は地球人が自らの力で立ち上がるのを待っています。そのためにも、地球社会で何が起きているのか、この社会の実情を知っておく必要があるのではないでしょうか。

しかし、多くの人は目の前の出来事や、直近で自分自身に起きることにしか関心を持てなくなっています。そして、不安や恐怖を煽《あお》られるようなことから常に目をそらしてきました。この状況を打破するのは、本当に難しいことは事実です。しかし、今あきらめることは近い将来の地球の滅亡を意味しています。

私たちの魂は、必ず突破できることを知っていたから、今ここに生きているのではないでしょうか。

まずは「社会を変える」というような難しいことではなく、身近にあってできることから始めましょう。周囲の人間関係をより豊かで温かい関係にするためには、互いを評価することをやめ、ありのままの互いを認め合おうと試みることが大切です。家族の関係に温かさが戻ってくれれば、その周囲の身近な関係も変わるはずです。

ぜひ試してみてください。

支配と所有のゲームが地球で続くわけ

さて、先述のように、所有からパワーによる支配、つまりコントロールへとゲームのコアとなる概念が変化すると今まで純粋な意味で努力し、社会全体のためや、個々の生活のために役立つ技術開発を行ってきたグループの地位が一気に下落し、一方不正や詐欺行為によって特権を獲得したような少数グループが、不動の地位を築きます。そして恐ろしいほど巨大な力へと発展していきます。

そのようなグループは、社会全体の利益となるようなことや、個人の生活の向上などには興味を抱かず、ただ何もかもを我が物にして、思いのままに支配したいという願望だけが常に優先されます。

またこのころには、物質的なものではなく、ＥＴが別のＥＴをパワーによって支配し、所有するようなことも起き始めます。そして、所有した者同士を戦わせることによって、どちらも欺き、さらに自分のパワーを強大なものにするようなゲームを楽しむ者たちも出てきました。そのために自分たちのＤＮＡをより非情にデザインし、戦わせる傭兵たちを、よりアグレッシブなものへと設計し直した者たちさえいました。

シュメール神話やギリシャ神話の中にも戦争の様子が書かれています。そして、最も残酷な戦争の様子が書かれているのは旧約聖書ではないでしょうか。その中には、明らかに核戦争であるとわかることさえ出てきます。

これらの出来事は、非常に客観的な目で見れば、周波数が急速に降下して、皆の意識が分離の中に埋もれていくことによって起きた必然と言えるかもしれません。

このように、今の地球社会で起きているようなことは、宇宙でも盛んに展開されてきました。当然今でもこのようなゲームは展開され続けています。「上の如く下も然り」なわけですから、地球社会で起きていることを見れば当然です。

地球社会に生きる大多数の人は、このような所有ゲームを展開させてきた、DS（ディープ・ステート）と呼ばれたり、シオニストと呼ばれたりする一部の人たちの洗脳を受けて、購買意欲を常に掻き立てられ、より多くを所有するために、常に評価を気にしながら、お金を稼ぐ手段に頭を悩まされてきました。

しかし、並行宇宙も含めて、宇宙全体を見ると、今はそのような存在たちは、決してマジョリティーではないことは確かです。

ですから、逆にこのようなアグレッシブで所有意欲の強い存在たちは、次元を超えてでもそのようなゲームを楽しめる地球に寄ってきてしまいます。地球や地球人類にしてみれば、まったくの招かざる客です。

ノアの箱舟の真実

エンリルは、アヌンナキの支配権を握ると、完全にダークサイドな道へとアヌンナキを先導します。そして、現在に至るまで「神」に成りすまして、陰で見事に地球を支配してきました。旧約聖書に出てくる「ノアの箱舟」や「バベルの塔」の話は、すべて神に成りすましたエンリルの仕業です。

また、選民意識を植えつけられたイスラエルの人たちも皆騙されたわけです。シュメール神話の中では、ノアはジュウソダラという名のエアの部下として登場しています。エアはこの部下にエンリルの大洪水の計画を伝えて、大きな船を用意しておくように言いつけました。この部下は非常に優秀な地球人でした。

しかし、そのことを知ったエンリルは、知らないふりをします。そして、神の名を名乗って、お前とお前の家族以外は、絶対に人間を乗せてはいけないと言います。その代わりあらゆる動物たちを乗せるように伝えました。そして、このことはお前の胸にしまっておくようにと言ったのです。

そのためにノアは大きな葛藤を抱え、悩みぬいた挙句にエンリルの呪詛によって、多くの人を死に至らしめる役を担わされ、多くの人の恨みを買い、精神的にも肉体的にもボロボロになります。ノアがエンリルに完全に洗脳されて自分を失ってしまえば、まだしも楽だったでしょう。しかし、強さがゆえに、自分を失うことができずに、長い間苦しみました。その死後も、ノアの魂はこのカルマを探求し続けています。

それも、今生きる私たちが同じ過ちを繰り返すことなく、互いを認め合い、互いの尊厳を尊重することの重要性を理解して、伝えるためかもしれません。

今宇宙には急速な変化が起きている

ホモ・サピエンス・サピエンスの宿命

テラは、これまでこのような戦いの世界に捕らわれていました。それはまるでトラップにはまって、もがけばもがくほど深みに捕らわれてしまうような状態でした。

地球の多くの人たちは、いまだに地球は宇宙と関わりがないように思ってきたと思います。しかし、実際には宇宙で起きていることの延長線上に地球での出来事は起きています。ここは確かに宇宙の一部ですから。

そう考えると、新型コロナウイルスによるパンデミックや、異常気象や、戦争は、再び神たちが人類を殺処分しているのではないかと思ってしまうでしょう。確かに「人口削減」などと公明正大に訴えているわけですから。しかし、今起きていることは、皆さんが事実を知るためのチャンスとしての意味合いのほうがはるかに大きいのです。

私たちホモ・サピエンス・サピエンスは、この世界に誕生して以来、一度も自由に生きたことがありません。もともと使役のために作られたわけですから、それが宿命と言えばそれまでです。

そして、エンリル以外にも地球人を奴隷としか認識していない爬虫類種、レプティリアンやオリオン系の非情な存在たちもいます。皆さんには想像もつかないかもしれませんが、そうしたETたちは太古の時代から今日に至るまで、地球上のいたるところの基地で活動しています。地上にも地底にも、彼らの基地はたくさんあります。

最も信じがたいことは、地球人の闇の支配者ばかりでなく、アメリカ政府という表側の組織まで、宇宙でも問題視されている最も残忍な種族と同盟を結んでいることでしょう。こうした事実を私たちがきちんと受け止めたうえで、自立することに対して、今は強大な力が後押ししてくれるタイミングです。

地球にいるETがすべて地球人を苦しめるETたちだと誤解されるといけないので付け加えておきましょう。

地球に基地を作っているものは、悪いETばかりではありません。中には地球人には関心がなく、ただ単に地球のポテンシャルを調査して、資源を獲得しようとしている種もいます。さらに地球人を心配して時々やってくるETたちもいます。特に福島原発の事故のときには、たくさんのETたちが救済の手を差し伸べてくれました。

エンリルは捕らえられ、エアが帰ってきた

しかし、ここ最近、宇宙全体の周波数が一層急速に上昇しているため、地球が属する宇宙は大きく流れが変わってきています。

いわゆる銀河連合と言われる、宇宙和平のために活動している組織によって、アヌンナキは完全に地球における権利も、それ以外の部分の権利も失いました。そして、エンリルは捕らえられ、銀河から追放されたようです。そしてエアは再び戻ってきました。

このままの流れだと、地球でDSを作った組織も、ナチの組織に対しても、当然何らかの措置をとるでしょう。現時点で聞こえてくるのは、銀河連合が、これらの組織を抱えているドラコニアンの強靭な組織を撲滅させるために、戦争を起こすというきな臭い話です。

ちなみにナチは宇宙の組織ですから、本拠地は宇宙にあります。ヒトラーは非常に純粋な人でしたから、ノアのように利用されただけという意見も聞くようになりました。

いずれにしても、私たちは手放しで喜ぶわけにはいきません。彼らによって遺伝子レベルで改造を加えられ、洗脳を受け、たくさんのチップを埋め込まれて、支配されてきた残忍な地球人たちが、ここにたくさん残されていますから。彼らはもちろん私たちと同じ人間か、もしくはハイブリッドですが、残念ながら、彼らの肉体やエネルギーフィールドは、いたるところを破壊されていて、本来の地球人としての機能を果たすことができなくなってしまっています。ですから、宇宙から来た非情で残忍なETたちと同じように私たちを扱おうとしています。

主を失った飼い犬たちは、混乱してますます狂暴化する可能性もあります。ですから、決して楽観視はしていられません。

さあ、統合のために立ち上がろう

このような状況になってきた今、私たち地球人にとって非常に重要な局面を迎えることになります。これまでお伝えしてきたような地球人の歴史にピリオドを打つことは、テラや地球人たちのためだけではなく、宇宙全体の進化のためでもあります。

悪質なＥＴ組織やその組織と同盟を結んだ地球側の組織の支配から自立して、地球を一つに統合することができれば、化学も技術も一気に進化させることができます。そして、社会は発展し、成熟していくでしょう。

その中で私たちは、働かなくても十分に豊かに暮らすことも可能です。テラは私たちを十分に養うだけの実力を持っているからです。

人口が増えすぎだと言いますが、彼らは人口が80億人以上になったときに、私たち地球人を何らかの方法で淘汰《とうた》することを決めていました。それは人間を支配してきたＥＴたちの都合です。決してテラの都合ではありません。

私たちが彼らの支配から自立するために、私たちは団結しなければなりません。しかし、コロナ禍において、ワクチン賛成派と反対派、マスク賛成派と反対派など、意見が対立する場面もたくさんできました。「マスク警察」などという造語が流行ったくらいです。そして今、ウクライナとロシアについて、実際には何が起きているのかを知っている人と、すっかりプロパガンダに飲み込まれている人では、大きく意見の相違が出ています。このように、国という大きな単位ばかりでなく、個人同士が対立する材料もたくさんあります。

これ以外にも思想の違いや、好みの違いなど人間同士が対立するための材料はいくらでもあります。しかし、この現象もやはり進化のプロセスでは必ず起きる通過儀礼です。

私は最近自分自身がマイノリティーであることを相当に覚悟しなければならないと思ったことがあります。それは、私自身もこの通過儀礼を謙虚に引き受けて、高潔な選択をしなければならないということを意味しています。

今はそれぞれが、自分の生きる道、生きる世界を明確に選択するべきときなのです。そして、高潔な選択をそれぞれがすることによって、違う者同士が見事に調和する世界へと向かい始めます。


進化のためには、必ず統合という作用が必要です。ですから、地球を一つの統合された国、ワンワールドとするために、私たちが立ち上がらなければなりません。

それには困難だらけで、何をどうしたらそんなことができるのか、見当もつかないと思っていませんか？

そこで日本人の出番です！

実は、日本人は、地球を統合した世界へと大きく変えるための特別な力を唯一持っている民族です。日本人は、一見すると、皆同じであることを求める民族のように思いますが、意外とそうではありません。

東京オリンピックの際、世界中からたくさんの人が来ても、無理に日本の習慣を押しつけたりすることも、差別的な態度をすることもなく、それぞれの違いをちゃんと受け入れました。これが日本人の本質です。

それでは、これからいよいよ日本という国と日本人について、また、日本の神々について話していくことにしましょう。

III

「日本の神々」を知る

龍神と呼ばれる種族

最初は「9」と呼ばれるプラズマ知性体

日本ではよく龍神という言葉を耳にします。龍神は何を指す言葉なのでしょうか。拝殿の前に立って、ふと上を見ると、拝殿の屋根は、龍の口の形をしています。日本の神々は、非常に古い存在たちもいれば、その後に現れた存在もいるので、一つの種族ではありません。しかし、神道の教えである、「元は一つであるから、何一つ排除すべきではない。すべてが和合して初めて弥勒《みろく》の世が現れる」という真理から、このような神社に祭られる神は、非常に古いドラゴンであったと考えられます。

ドラゴン種は、宇宙の中で最も古くから存在しています。そうは言っても、そのころ宇宙世界は、まだ非常に密度の高い、高周波の世界でしたから、彼らは物理的な肉体を持っていない、超意識体、もしくはプラズマ知性体と言われるようなものでした。

そのエネルギーの形は、中国のカーペットや食器などに描かれているような、長い形をしていました。物質がない世界では、肉体もないので当然ですが、それはプラズマが特定の構造を連続させてできる長い形をしていたのです。それを9ドラゴン、九龍と呼びました。最初の「9」という数字は9柱の龍という意味ではありません（神は一人二人ではなく、一柱、二柱と言います）。「9」という名前です。

日本で龍神と呼ばれているのはプラズマ知性体である九龍を意味しているのではないでしょうか。そして、日本には、頭部が9つある九頭龍神《くずりゅう》が祭られていますが、これは九龍の象徴でしょう。

九龍は、周波数が低下していく中で、長い眠りにつきます。この時代を、私が所属する異次元宇宙の世界では、「宇宙の冬」と呼んでいます。その眠りの中で九龍は皆、まだ存在していない「人間」を見ました。これは「空」に潜在している大きな可能性と、九龍たちがつながった結果の夢でした。

ですから、九龍は「空」に潜在する膨大な可能性と知性とつながった叡智そのものなのです。

やがて必ず物理次元が出現したときに、この美しい生き物が生まれてくることを九龍は知って、「人間」の守護神となる約束をしました。

ゴジラ型の恐竜からドラコニアンへ

さらに周波数が低下していくと、明確な分離が表れるようになります。物質がはっきりと現れ、徐々に肉体を持った生き物が生まれてくるようになります。その肉体を構成している細胞には、この九龍が与えた叡智が刻印されています。

それはとても興味深い現象でした。ですから、九龍は肉体に宿ることで、物質の世界を探求したくなります。そして、たくさんの生物を作り出し、九龍は面白い経験をし始めることになります。

周波数が低下すればするほど、分離が進み、個体ごとに違う個性を持つようになり、また違う生物も増えていくことになります。そこで、初めて個がそれぞれ違う選択をして、違う経験を選ぶという現象が現れます。

かなり初期の段階で、立って歩くことができる、いわゆるゴジラ型の肉体を作りました。恐竜のようですね。この、恐竜という言葉に「竜」という文字が入るのは、このことを理解していたからかもしれません。

これがゆくゆくドラコニアンに発展していきます。今はドラコニアンというと、悪名高い印象が強いと思いますが、そのころの世界には、たくさんの要素がないわけですから、まだ善悪の概念がありませんでした。彼らは非常に好奇心旺盛で、行動力もあり、目的を確実に果たそうとする意欲に満ちた若々しさを持っていました。

そもそも、善悪は関係性の中でしか成立しないものです。何か対象物がなければ、悪意を持つことも、悪事を行うこともできません。ですから、まだ生き物と言えば、プラズマの意識体である九龍、スライムのように特定の形を持たないもの、発光している光の存在などしかない世界では、善悪が成立しません。

したがって、このころのドラコニアンの原型は特に悪い生き物などではありません。ゴジラのような姿で、さらに振動数が低下していくと同時に、もっと迅速に動くことができる肉体が欲しくなります。そして、ドラゴンたちは四足歩行の肉体を作り出しました。それが狼の原型です。この狼の細胞にもちゃんとドラゴンの叡智が刻まれていました。

このようにして、周波数の低下とともに、次々と新しい生き物が増えていきます。

ドラコニアンによるヒューマノイドの完成

ここで一つ付け加えておきましょう。生き物として最初に現れたのは、非常に小さな微生物たちです。微生物はあっという間に種類を増やしていき、後から出現する大きな生き物たちと共存するようになります。

そして、動物だけでなく、同時に植物や鉱物も次々現れます。そうなると、「空」に潜在する新しい可能性をもっと経験したいという欲求から、関係性が生まれるようになります。その一つは、互いを食すという関係性です。そして、もっと細かい作業をしたくなります。そこで、ドラコニアンたちも、四足歩行の中で最も古い狼の種族たちも、九龍が見た夢の中に現れた生き物を作り始めました。

はじめのうちは、すべて九龍の意識が生物を生み出していましたが、そのうち生み出した生き物に刻まれている叡智が活性化することによって、その生き物たち自身が優れた知性を発揮するようになります。

特に四足歩行の種族から発展したものたちは、遺伝子工学の天才たちを生み出しました。

最初に人間型の生き物を出現させたのはドラコニアン種でした。しかし、このときの人間は、感受性が弱く、生命力も非常に弱かったので、すぐに泡のように消えていってしまいました。おまけに今の人類を知っている皆さんからしたら、どこが人間なのかと憤慨するような醜い生き物でした。

しかし、ドラコニアンは、非常に強い意志を持ち、ある意味執念深く、簡単にあきらめたりしない性質でした。ですからリラ星系で、ドラコニアンからも、狼からも得た情報をもとに、九龍がその叡智を直接分けることによって、今の素晴らしいヒューマノイドが完成しました。

新たに生まれたヒューマノイドは大変生命力も豊かで、精神的にも安定していたので、非常に早く発達していきました。

ですから、今でもリラの人類の祖たちは、すべての宇宙の生き物の教師的な役割を果たしています。仏陀はリラの人類の祖を「如来」と伝えました。

さらに周波数が低下すると、ドラコニアンたちも、狼たちも、それぞれ経験を通じて、意識の世界と現実世界のそれぞれの作用がどのように関係性を持ち、どのように物事を変化させているのか、それらの相関性を学び始めるようになります。

こうして、彼らは真の意味での「スピリチュアル」という科学を論理的に理解し始めました。この学びは、最初の意識体である九龍のシンボルとして魂に込められています。

ですから、こうした非常に高度なスピリチュアルな叡智を持つ神として、世界中に残された遺跡や、神話の中に存在しています。

九龍の叡智を引き継ぐもの

さて、私たち日本人の祖先は、九龍の叡智を受け継いだ古い狼やドラコニアン族の子孫の魂を持っている人たちがたくさんいます。先代旧事本記の中にも、最初の天皇はゴジラのような姿だったというような内容が記されています。

そして、今ドラコニアンやレプティリアンは、悪の代表格のように扱われているように思います。しかし、分離が進めば、必ず二元性が生じます。その中で、ある特定のものを「善」とするのであれば、対局に「悪」という概念が生じるのは当然のことです。

特に欧米社会では、その文化的、宗教的背景からしても、何かを善とすることによって、それ以外を悪としてしまうような傾向があります。これらの概念は、意外と自分たちは気づきにくいものです。

もちろん、日本が例外だと言っているわけではありません。今の日本はＧＨＱによってすっかり教育を変えられ、日本らしいマインドも精神性も育たないようにされてきましたから、私たちもともすると単純な善悪で片づけ、ひとたび「悪」とレッテルを張られたものに対しては、どんな攻撃をしても、どんなに打ちのめしてもよいような風潮になってしまっていることを、コロナ渦で強く感じました。

マスク警察や、ワクチンを打たない人に対する非難、また、その逆でワクチンを打った人に対する侮蔑や差別、そして、初期のころには罹患《りかん》した人に対する痛烈な非難と攻撃もありました。

このようにイレギュラーな状況になると、人の奥に隠れた闇の部分が明るみに出るものです。

しかし、本来の日本人の精神は決してそのようなものではなかったはずです。たとえ意見が違っても、それぞれの背景にある事情などをくみ取り、「**元はすべて一つ**」であったということを前提に、受け入れようとする精神性が受け継がれているはずです。そして、確かに今でもそのように考えることができる人たちもたくさんいます。

これは九龍から受け継いだ意識をもとに思考している状態です。

同じ人間でも、同じ人種でも、同じ国の人でも個人によって差はあります。ですから、元は同じドラコニアンであっても、同じ狼であっても、分離が進むにつれて、肉体的な特徴も分かれ、また、メンタルな部分にも大きな違いが出てきました。それも長い時間をかけて経験してきたことの違いによることも大きいのです。

当然のことですが、日本人の大祖は決して悪意に満ちたドラコニアンの仲間ではないことを改めてお伝えしておきます。なぜなら、戦後の日本人は世界中から残虐非道な悪者であるかのような言われようをしてきました。そのために、日本人は罪の意識を刷り込まれ、誇りを失ってしまった部分が大きくあるからです。

ここで、いわゆる悪役を担ってきた若いドラコニアンたちと、九龍から叡智を受け継いだ古いものたちを区別するために、先住民族のシャーマンに習って、後者を龍族と呼ぶことにしましょう。

まさにこの龍族が私たち日本人です。そして、今こそ私たちがもう一度誇りを持って、新しい文化の中心として立ち上がる時が来ています。

金龍族の魂は最初のホモ・サピエンス・サピエンスに宿る

さて、皆さんは、「スピリチュアル」というものに対して、感覚的な世界というイメージを持っていませんか？　皆さんは長い間、霊的なことは目には見えないし、論理的に証明することができない、解明不可能な世界だと思われていたために、多くのジレンマを抱えてこられたような気がします。それでも何か真理があるはずだと信じて、熱心に探求していらっしゃる方が多いので、ここに、皆さんの本質的な力を感じることができます。

しかし、皆さんのこのような苦悩も終わりを告げる時が来ています。もう少し周波数が高くなると、この世界に長い間隠されてきた、たくさんの叡智が目を覚まします。それは人を真の意味で幸福にする科学技術でもあり、またその基になっている原理は、すべてにおいてスピリチュアルな、つまり神聖な科学です。

実際、多くの方が予想している通り、スピリチュアルな世界には、美しい規則性や法則があり、それらは特定の誰かにのみ当てはまるはずもなく、フェアな世界です。なぜなら、いついかなるときにも、スピリチュアル＝科学だからです。

非常に古い魂である龍族は、九龍から受け継いだ高いスピリチュアリティーを持っているために、科学的で論理的に物事を思考することができる一方で、感性も非常に豊かで、バランスがとれていました。

このような特別な魂を持つ者を、先住民族のシャーマンたちは、金龍族、銀龍族などと呼んでいるようですが、確かに、彼らは他の龍族よりも何事にも熟達していて、老賢者のような側面を持つ龍族のリーダー格です。

さて、メソポタミアで天才的な遺伝子工学博士である、エアが作ったホモ・サピエンス・サピエンスの肉体に宿ったのは、実は金龍族の魂でした。

魂と肉体のコンビネーションは意外と簡単ではありません。新しいスペックがいろいろ搭載された最新型のUFOに乗るような感覚です。そして、最初のホモ・サピエンス・サピエンスは、テラの希望通り非常に多くの可能性を持ったうえに、美しく洗練されていました。このような新しい種を上手に使いこなすためには、たくさんの経験と知恵が必要です。そして、精神性の高さ、強い意志と根気強さや忍耐強さも必要になります。ですから、金龍族がぴったりだったのです。

王族たちの婚姻事情

しかし、先述の通り彼らはエンリルによってひどく迫害され続けました。もしその魂たちがもっと未熟なものであったら、とても耐えられなかったことでしょう。

エンリルの仕打ちは目を覆いたくなるようなものでした。その様子を見るに見かねたイナンナという女神が行動を起こします。イナンナはアヌンナキ王アヌの恋人であるという説もありますが、エアの妻でもあり、エンリルの妻でもあり、また二人の王子とは兄妹であったとされる説もある謎めいた女神です。イナンナは、人間の姿をした九龍の魂を連れて、大脱走を図り、大勢の人間を救うことに成功します。その裏にはテラの導きと加護がありました。

アヌの恋人で、エアの妻であり、エンリルの妻でもあるとは何事か？　しかも兄妹？と思われるのは当然ですね。しかし、地球でも天皇家や王族たちは、宇宙の王族と同様に、かつては同じ血族同士でしか結婚が認められませんでした。

そして、少しでも強く賢い子孫を残すために、特に王家の血統を引く者は、重婚を認められていました。

イナンナは、地球ではアプロディーテ（ギリシャ神話の女神）やヴィーナスの原型と言われる女神とされていますが、薬草、豊穣、農耕、創造、愛、美と苦しみなどを司るとして、後の世まで信仰を集めた女神です。

イナンナは本当に美しく、しかも、とても強くて行動力があり、勇敢でしたから、すべてのアヌンナキに敬愛されていました。もちろん人間たちもイナンナだけには何でも打ち明けられるような信頼関係を築いていました。

アヌンナキからの逃亡、そして離散

アヌンナキはずいぶん長いこと不運に見舞われました。挙句にエンリルが王位を奪い、父にさえ逆らうようになると、ニビル人たちの運命は大きく方向を変えることになります。

どんな国もトップに立つ人の人格によって変わるものです。それはニビルにおいてもまったく同じでした。エア王子のように品位と知性のある存在が上に立っているときとはまるで違う世界になり、アヌンナキは大きく混乱した状態にありました。エアの側につくものもいましたが、エンリル側について一緒に残酷なことにふける者たちも多くいました。彼らはそもそもレプティリアンですから、それも必然です。結果的にニビルの人たちは、あちこちに離散してコロニーを作ったようです。

さて、その後メソポタミアで起きた様々な出来事は、ニビルで起きていたこととまったく同じです。地球で暴君と化したエンリルから逃れるために、イナンナの手引きで、最初は皆一緒に逃亡しますが、やがて人間たちは、一緒にいるのは危険だと考えて、バラバラに離散していきます。そして、あちこちに自分たちの町を築くようになります。

これはまさに世界史の授業で教わることがなかったけれど、とても重要な部分です。これも一つのミッシングリンク（生物の進化において連続性が欠けた部分。予想されている化石や生物が発見されていない状況）と言えますね。

狼《おおかみ》神は何を成したのか

シリウスの優秀な遺伝子工学者たち

狼族は、龍族の次に出現した四足歩行の種族の中でも、特に「老賢者」と言われる非常に古い種族です。狼種は九龍のスピリットを直接受け取って、シリウス星系で誕生しました。

四足歩行の種族には、狼以外にも狐、熊、獅子、馬などたくさんの種族がいます。これは、地球に生息する動物たちを見てもおわかりのように、それぞれユニークな特徴を持っています。

中でも地球上の陸の生き物の中で、生態系の頂点に君臨する狼は、非常にスピリチュアルです。地球に狼を作ったのは、もちろん宇宙に存在していた狼族から徐々に進化を遂げた生き物と変容していったシリウスの優秀は遺伝子工学者たちです。

彼らが新しい生き物を作り出すとき、何となく思いつきで作るようなことは決してしません。テラの意図を理解して、学んできたので、生き物同士が調和できるように研究しています。

ですから、シリウスの天才的な遺伝子工学者たちは、何度も地球にやってきて、たくさんの植物や動物たちを作り、生態系が常に調和するよう、全体を包括するグリッド（エネルギーが循環するネット状の回路）を設計しました。

エアは彼の母親がシリウス人だったために、彼もシリウスで高度な教育を受けることができました。そして、その息子であるトートも同様に非常に優秀な科学者です。

地球人は食べなくても生きられる

その生態系の調和を乱したのは、大変遺憾に思うところですが人間です。私たちが霊長類と呼ばれるにはほど遠い行為をすることになってしまったのは、「お金」というものが自然界と人間界を隔絶させる作用をしているからではないでしょうか。

そして、もう一つ大きな問題があります。それは、人間が食べなくても生きられるようにデザインされているという問題です。ですから、ホモ・サピエンス・サピエンスは、食べなければ生きられない種族とは、一線を画す種であり、だからこそ霊長類として、すべての食べる生き物と調和し、客観的な視点を持って地球の管理者の役割ができるのです。

つまり、私たち自身も、本来はこの惑星の神々なのです。

シリウス系生命体は多くの種族を持ちます。その中でも九龍のスピリットを持った狼種の魂を引き継いだ者は、非常に知性的で優秀です。彼らは特に遺伝子工学や、生物学や、医学に精通しています。ですから、彼らのテクノロジーによって次々新しい生命体が生み出されました。

その中にはもちろん四足歩行の動物もいます。しかし、彼らのユニークな点は、食物連鎖によって、生き物たちの調和を図ろうとしたことです。ですから、もちろん植物もたくさん作り出しました。

少し想像してみてください。もしも皆さんが何も食べなくても生きられるとしたら、生きることに対する不安がずいぶん解消できるのではないでしょうか。嫌な仕事でも、やり続けなければならないということがなくなるでしょう。そして、報酬は少なくても関心を持ってやりがいを感じる仕事を探す余裕ができるかもしれません。

つまり、私たちを隷属させておきたい存在にとっては、食べなければ生きられないと信じ込ませておく必要があったわけです。

私たちの食べ方についての注意点

しかし、今すぐに食べることをやめることは危険です。最近ファスティング（断食）がずいぶん流行っていますが、食べない人になるには段階が必要です。まずは体に負担にならない、そして何より概念や理屈ではなく、自分の体に合った食べ物を、そのときの自分が必要とする分だけ食べることが大切です。

地球の周波数がかなり急速に上がってきているので、皆さんの肉体の変化、変容もすでに始まっています。ですから、ここで急に自分の勝手な思いで食べるのをやめたり、菜食などに切り替えたりすることはかえって危険です。

ホモ・サピエンス・サピエンスには、22種類以上の違った種族のDNAが融合されています。その割合も一人ひとり違います。そして、これらのすべてを使える人と、そうでない人の違いもあります。ですから、この食品は体に良いと言われているものが、本当に自分に合っているとは限りません。肉体とちゃんとコミュニケーションをとりながら、体が真に必要としている食べ物を食べるように心がけてください。

もちろん、量や食べるタイミングも人によってまったく違って当然です。一日三食食べる必要がある人もいるでしょうし、一食で十分な人もいるかもしれません。自分の肉体と深くコミットメントしていくことは、皆さん自身の種としての進化のために必要不可欠な大切なことだということをお伝えしておきましょう。

青白くて小さな人たち

さて、狼系のシリウス人たちは、非常に細身で、顔も細長く、肌も髪もプラチナ色をしていました。その後、それぞれが生息するエリアの環境に適応しやすく改良を加えられているので、今は肌の色や髪の色は、白以外の者たちもたくさんいます。

日本の地にもともと生息していた先住民族を、私が属している世界では「青白くて小さい人たち」と呼んでいました。この人たちは、狼族であったシリウス系のヒューマノイドが、自分たちのDNAをホモ・サピエンス・サピエンスのDNAに組み込んで作った人間たちです。今でも日本人は他の民族より平均的に身長が低く、中には青白い肌の色をした人がいます。それは、日本の先住民族の遺伝子を受け継いだ人たちです。

「青白くて小さい人たち」は、とても優しくて温厚な性質です。また、他者への奉仕の精神が厚く、他者の希望をできるだけ叶えたいと望む人たちです。そのために、その後次々と入植してくる種族たちと対立することなく、ニーズに応えるだけではなく、入植者の期待以上の働きをするので、どの種族とも仲よく共存してきた経緯があります。

この話を聞くと、今の日本人が持っている少々過剰なまでのサービス精神もうなずけることでしょう。そして、自己主張をするよりも、相手のニーズに応えることを優先しようとする性質も先住民族から受け継いだDNAがゆえなのですね。

特定の種族が皆「悪」とは限らない

さて、肉体がない九龍は、後にたくさんの生き物を作り出しました。もちろんドラコニアンもそうですが、狼も同じ九龍から生まれてきたことをお伝えしました。

そして、もう一つ大切なことは、どんな種族にも、善意ある者たちもいて、反対に悪意に満ちた者たちもいたということです。ですから、一般的には、ドラコニアンは狂暴で非情な種族だと思われていますし、爬虫類種族のレプティリアンたちもすべて悪者だと思われています。しかし、そんなことはありません。

このことは周波数の低下と関係しています。はじめは善も悪もない、つまり二元に分離していない世界からスタートしています。そこから二元性が現れるので、知的であればあるほど二極化は進み、その差も広がります。

また、シリウス系の種族の中にも、同様に非常に優秀な能力を真に宇宙全体の利益のために生かしている者たちもいますが、一方で地球でも原爆などを開発して人々を苦しめたり死に至らせたりする技術を、悪意あるグループに売るようなことをする者たちがいます。

私たち地球人の中にも、信じがたいかもしれませんが、そもそも魂レベルで悪意ある者がいる場合があります。また、もともとの魂は特に悪意を持っていなくても、DS（ディープ・ステート）の仲間として使われている者もいるし、最悪なETグループと同盟を

結んでしまった、アメリカという国は、その国を支配する影の権力者たちが、あり得ないほど残忍な人間であることも間違いないでしょう。

ですから、特定の種族は完全にすべてが「悪」であると認識してしまうと、すべての可能性が狭まってしまうことになりかねません。

支配欲の強いETたちがしたこと

日本には稲荷信仰が今でも残されていますが、稲荷神社の赤い鳥居の脇には、2頭の狐がいます。これはもともと狼でした。

日本列島に最初に降りたのは、龍神系ではなくて、狼系のETたちです。日本では狼神を農耕の神、そして商売の神として祭っています。しかし、元は広い意味で植物の神で、医学の神であり、薬の神であり、またテクノロジーの神でもありました。また、先述してきたように彼らはたくさんの生き物を作りました。ですから、農耕の神として祭られるのも当然ですが、彼らがイネ科の植物、つまり穀物を作ったわけではありませんでした。むしろ薬草を作りました。それも非常に多機能でマルチに効果がある植物です。

ですから、植物にたくさんの種類は必要ありませんでした。そして、初期のホモ・サピエンス・サピエンスは食事をしない人たちでした。

しかし、エンリルのように支配欲の強いＥＴたちは、狼族のように知恵や技術が発達したＥＴが地球人に知恵を授けることを極端に嫌いますから、教師として狼族が教えたテクノロジーは、ことごとく弾圧されてきました。そして、食事を与えました。

近年、日本からノーベル賞受賞者を多く輩出しているのは、日本の科学者たちの中にシリウス系の非常に優秀な遺伝子が組み込まれていることを感じます。シリウスの魂が今、日本人として生まれてきて、日本に新しいテクノロジーを発展させようとしている意図が見えます。

もちろんそれには理由があります。新しい時代の新しい価値観のもとに最初にテクノロジーを発展させて、世界へと発信する役割を持っているのは日本だからです。

獅子神とは何か

政治に入り込み、地球をコントロール

日本には獅子舞というものが古い時代から伝承されてきました。また、神社の入り口や参道の左右に狛犬があります。犬と言われますが、その立派な鬣《たてがみ》を持つ姿は、どう見ても獅子です。

これらは、ともすると忘れられがちな獅子神と言われる存在です。狛犬は、穢《けが》れを払い、清浄を守る神として祭られています。

また、獅子舞は、お正月にその地域、町や村の一軒一軒の家々をめぐりながら、邪気を払い、一年の無病息災を祈るためのしきたりとして残っていましたが、最近ではあまり見なくなってしまいましたね。

獅子はオリオン系の四足歩行の種族です。彼らもメソポタミアやエジプトと関わっています。シリウスほど優れた技術などを持っているわけではありませんが、他者に支配されることを嫌い、自由に発案することが好きで、ユニークなアイディアを持っています。そして、好戦的で虚栄心が強く、その意味では意欲的です。

主に防衛のための戦闘力となることが多くありました。しかし、自己主張が強いタイプなので、他者と調和することができずに、あちこちへと散っていくことになりました。インド、中国、朝鮮から日本に入ってきたときには、神格化されていますが、彼らの子孫は非常に悪意に満ちた者もいて、今でも地球の政治に入り込み、地球をコントロールしている状態です。どこに行っても厄介者で嫌われてきたので、他に居場所を失い、地球でやりたい放題してきた者たちもいました。

しかし、今はこうした存在たちも皆撤退していますから、私たちは自立のタイミングに来ています。

しかし、今まで地球の人たちは、よくも悪くも野心があり、パワーを持つ獅子のような存在に依存してきました。そのため社会や、政治的なことに無関心でも生きてこられたわけですが、野心家の獅子族から受けてきた影響力を考えると、決して無視できない存在です。

個人が大衆に紛れることができるのは、魚座時代の特徴でしたが、むしろ個の持つ独自性を社会に活かすことを求められる水瓶座時代には、このような生き方はできなくなっていきます。

まずそれぞれがしっかりと自立することから、地球全体の自立が促されます。ですから、今まで何となくみんなに合わせて生きてきて、何だか苦しいと感じてきた方も、ようやく自由が得られる時が来ました。

まずは、真実や事実を見極めたうえで、自分の意見を持つこと、そして自分らしい生き方を求めて、ライフスタイルを見直すことがとても大切です。

日本の神々の歴史

22種類以上のDNA

実は、日本の神々について語るのは、世界について語るのと同じです。宇宙的な視点で見れば、この小さな惑星テラは一つの国家ですから、宇宙からやってきた神々は、当然のことながら全体を一つとして捉え、そこをどのように調和させるかを図っていました。

ですから、人間が天まで届く塔を作ろうとしたという「バベルの塔」の話が象徴する出来事があり、エンリルによってそれぞれの言語と宗教を持つ小さな国に分断されるまで、地球は一つの国として、成立していて、その中にそれぞれの地域を治めるにふさわしいリーダーとなる神がいました。

そもそも、日本という国が建国されるずっと前から、日本の古記に記されている神々は、地球を統治してきました。中でもレムリア文明において、世界を統治していたのはスサノオでした。ですから、私たちの遺伝子や魂には非常にグローバルな感覚が備わっています。まず私たちが「日本の」という概念をここで一度捨てて、「地球の」という新しい概念に入れ替えることが、今必要だと感じます。

先述したように、地球人には22種類以上のDNAが入っていますが、それは、それだけたくさんのET種族が地球に降りてきて、人間たちを改良したり、自分たちとのシンパシーを強くするために遺伝子操作を行ったりしてきたわけです。

しかし、これらのDNAがすべてそろった状態で使える人たちはかなり少なくなっています。人は遺伝的な情報のみによってそのメンタリティーや、スピリチュアリティーが決められるものではなく、周囲の環境によって、より多くの影響を受けます。これは、いわゆる量子物理学の「観察者効果」と言われるものです。観察者との関係性によって、結果が異なるのと同様に、私たちは、周囲の環境との関係性によって自己を確立させています。

ですから、どこに生まれてどこに住むか、それは場所という意味だけでなく、どの家系に生まれるかによって、この22種類以上のＤＮＡがどのように活性化し、あるいはどのように不活性な状態を作るかを決定しています。

これらのＤＮＡがすべて活性化することによって、圧倒的な人類に変容します。それはドラゴンボールのスーパーサイヤ人になるようなものです。

日本列島は世界の雛形

さて、日本列島の形は龍体のようだと言われますが、この地はレムリア文明や、ムーの文明が展開されたムー大陸の北西に位置することをお伝えしました。そして、反対側にはニュージーランドがあります。その二つの国土は、一対の龍体となっています。そして、この二つのレムリアの地には、地球の歴史が刻まれています。それは、過去の歴史ばかりではなく、実は、未来に起こりうる歴史も刻まれているのです。

ですから、日本列島は世界の雛形になっていますが、その形は、必ずしも太古の時代からそうであったわけではなく、ちゃんと今の時代の地形の雛形となっています。

例えば、九州はアフリカ、四国はニュージーランド、本州はユーラシア大陸を少し引き伸ばした形、北海道は横にすると北米、そして、もともと日本であった台湾が南米、樺太が南極といった具合です。こうして細かく見ていくと、日本列島と日本のすべての島に対して、世界地図が当てはまります。

それに対して、ニュージーランドは、日本の雛形としての役割を助ける役割だと言えますが、それだけではなさそうです。実はニュージーランドの北島は、アイルランドと南北のユーイスト島とルーイス島をドッキングした雛形で、南島はイギリスの雛形という見方もできます。

さて、そのニュージーランドの先住民族であるマオリ族の長老や、世界中のシャーマンたちが言っているように、宇宙にとっても、地球にとっても非常に重要なこの時期に、日本の地に生まれてきた多くの魂は、最初に誕生したホモ・サピエンス・サピエンスと同じように九龍から受け継ぐスピリットを持つ魂です。

九龍のスピリットには、宇宙の歴史が刻まれています。もちろん、宇宙の歴史ですから、地球人をエアが作る以前から続いている歴史であり、また、この先の未来の可能性もすでに刻まれています。

ですから、この魂を持つ者たちは、今はまだ認識できていなかったとしても、これまでの宇宙における歴史的な様々な経験を生かして、宇宙社会の進化と発展のために貢献するような計画を持つ魂です。

エアと大国主命との共通点

レムリア文明を築き上げたETたちは皆、九龍のスピリットを受け継いだ魂を持っていました。その中にはニビルから来た者たちもいました。それがエアであったという確証はありません。

レムリアから次のムーまでの間は、周波数の低下が最も進んだ時期です。そのため時間の計算が非常に難しく、諸説あるのは当然です。宇宙から見た時間と、地球時間の違いもあります。

しかし、神々はレムリアの時代から現在に至るまでずっと生き続けていますから、そこにエアが来ていたとしても何ら不思議ではありません。

エアもまた九龍スピリットを受け継いだ一人でした。エアにはエンキという称号が与えられています。エンキは「大地の主」という意味があります。これは本来地球の統治者であることを示しています。実際義理の弟であるエンリルによって追放させられるまでは、非常に素晴らしい王国を統治してきた地上の王様でした。

同時に、そのころ地球のあちこちにできていた文明も、エンキの王国と同盟を結び、地球は一つの統合された世界として統治されていました。

ですから、エンキの権利を奪いさえすれば、地球は我が物にできるわけです。エンリルの母は、常にエアのすることが気に入らなかったので、エンリルに自分の邪悪な側面だけを洗脳していきました。そして、エンリルこそ地球を統治すべきであると公言して、アヌ王をねじ伏せ、エンリルを地球に派遣しました。

さて、この話はどこかで聞き覚えがあるような気がしないでしょうか？　古くからある日本の文献に書かれている内容と一致する点が見られます。

「大国主」という言葉は、エンキの意味する「大地の主」と合致します。そして、大国《おおくに》主命《ぬしのみこと》は、天照大神《あまてらすおおみかみ》によってクーデターを起こされ、その孫とされる邇邇芸命《ににぎのみこと》に国譲りをします。

さて、どんな時代にも歴史というものは、その時の権力者にとって都合のよいように書かれます。実際近代史を切り取ってみても、改ざんの痕跡が見られることは、多くの人が知っています。ですから、古記を読んだところで、何が真実かを知ることは難しいことです。

もし、私が宇宙の記録を紐解いて、真実をお伝えしたとすれば、それもまた問題が生じてしまいます。なぜなら、今皆さんが属しているこの宇宙には、真実を知られたくない人たちがいて、また、そうであるにもかかわらず、誰かが真実を知ることになれば、知った人たちに何かの影響があることも予想できます。

というわけで、私が申し上げられるのは、あくまでも予想であるとご承知おきくださ い。つまり、エンキ＝大国主命だと言っているのではなく、符合する点がありますということをお伝えしたいのです。

他の見方もできます。エンキ、つまりエアはとんでもない悪事を働いたということになっています。このような大義名分のためにエンリルはエアを追放しました。この話は、天照大神と須佐之男命《すさのおのみこと》の関係にも似ています。

また、エアは最近になるまで、悪者だと思われていて、実際の彼の手柄を何も知られないまま、謎の多い存在でした。また、謎が多いと言えばそのトップに挙げられるのが饒速日《にぎはやひ》ではないでしょうか。饒速日は、天照大神の孫で天孫降臨した邇邇芸命の兄であり、実は多くの難しい仕事をこなし、たくさんの功績をあげているにもかかわらず、一切言及されていない存在です。この点もエアと共通しています。

ともあれ、世界中の神話に登場する神は、日本の神の別名と捉えてみるという試みは、彼らがいまだ生き続けていることとあわせて考えると、重要なことに気づくことになるでしょう。

縄文時代はユートピアなのか？

なぜ、私たちは縄文時代に関心を持つのか？

さて、日本には縄文文化の痕跡が残っています。スピリチュアルな探求をしてきた人たちや、平和を切望している人たちの中には、この時代を懐古している人たちが多いように思います。縄文時代には、人々は狩猟民族から定住型の農耕民族へと変わり、約1万年の間、人々は穏やかに人間らしい生活をしていた、そして、文化が急速に発達した、というようなイメージを持たれています。

しかし、実のところ、地球上でこの20万年余りの間、特に発達した文明においては、平和だったことは一度もありません。宇宙も当然同じです。皆さんが属するこの宇宙においては、もっと長い間、常にどこかで戦争が起きています。この状態は今でも続いています。
周波数の低下がたくさんの分離を生み出し、ただ分かれただけではなく、二極が明確化して、たくさんの違いも生み出してきました。その結果、格差が広がり、臨界点に近づいているのが今の状態です。そして、その差を何とか埋めようとすると対立が生じ、争いや戦争が起きます。

およそ1万8千年前に始まったと言われる縄文時代も、やはり例外ではありませんでした。

しかし、なぜこのように多くの人が、縄文時代に特別な理想を抱いているのか、そこに何か意図があるのではないかと思ってしまいます。いえ、もしかしたら、そうではなくただ単に時間計算の仕方の違いなのかもしれません。

そう思ったのは、記紀と言われるものよりも以前に書かれた古史古伝から推測すると、「縄文」という言葉が指すのは、もっとずっと古い時代であるとされていたからです。

いずれにしても、縄文と言われている時代が、1万8千年前のころのことなのか、それ以前のことなのか、時間の認識はそれぞれ違って当然です。しかし、大切なのは、皆さんがなぜその時代に関心を持ち、そこに立ち返ろうとするのか、そのことを認識することだと思います。

というのも、実はこの原稿を書いている間に、ショックなことがいろいろ起きています。中でもさすがに脅威を感じたのは、書いた原稿が一夜で1万文字以上も消されていました。特に、この縄文について書いた部分がすべて消えていました。

それはもちろん、何らかの意図があって、何者かがやったことですから、「縄文文化」と言われているものが、皆さんの意識や、未来の可能性に大きな影響を与えていることをなおさら強く感じます。

そこで、改めてこのことを踏まえて、書き直すことにします。

実際私や私が属する宇宙の仲間たち（以下「私や私の仲間たち」と記述）が縄文時代をどのように認識しているかをお伝えします。もちろん皆さんはこれを確認する術はありませんから、何を信じるかは皆さん次第です。でも皆さんのスピリットは知っているのですから、皆さんご自身のスピリットが示す反応を信じてください。

狩猟をやめ農耕を始めた本当の理由

皆さんが言っている縄文の舞台は、日本、朝鮮半島、一部のポリネシア、そこから南北アメリカ大陸にも飛び火します。さらに、中東から、東ヨーロッパでも同様の動きがあり、そこからヨーロッパの一部を除いた地域にも広がっていきました。

地球人を支配している者たちは、特にこの惑星上のエネルギーが高まっている重要な地において、そこにいる人間たちを支配しようとしていました。

古代メソポタミアの遺跡には、すでに農耕が盛んに行われていた痕跡がたくさん残されています。ですから、当然縄文時代に初めて農耕を行ったのではありません。

皆さんはおそらく古代がグローバルな世界であったことを想像できないかもしれません。しかし、先述の通り、そもそも遠い宇宙のどこかから来た人たちが築いた文明ですから、小さなこの地球の上であちこちに拠点を作って、同じような文明を築くことは簡単です。ですから、農耕は、まったく適していない気候でない限り、地球中に広がっていました。

しかし、エアがエンリルによって追放された後、地球人たちは非常に残酷な扱いを受けるようになりました。ですから、多くの人は脱走し、定住することを避け、狩猟採集をしながらあちこちへと分散して逃亡生活をするようになりました。

ところが、今から2万年ほど前、宇宙では巨大な帝国が一気に周囲の世界を飲み込んで、あらゆるものを所有しようとしていました。この影響で、地球を征服しようとして、新たな種のETたちが地球に干渉し始めました。

これを機に、野放しにされてきた狩猟採集民族たちにも管理体制が敷かれる運命となります。

これが皆さんの言うところの縄文時代の始まりです。しかし、これはあくまでも逃亡者の土地であって、当時の文化の中心であるはずがありません。それを考えると、どうも辻褄が合わないのです。

ETによる支配のための人類教育

とにかくエンリルは、他のETたちから人間を奪われないように、農耕の技術を教え、道具の作り方も教えます。それはもちろん大した技術ではありませんでした。そして、所有という概念を厳しく教えます。それは後に十戒へとつながります。

「人の物を盗んではいけない」という教えは、皆さんにとっては当たり前の概念ですが、狩猟採集をしながら、より過ごしやすい場所を求めて旅をしている民族にとっては、そもそも「所有」という概念が希薄なわけですから、意味がわからないことだったのです。そして、エンリルは人々に家の建て方を教え、定住する民族を作ることによって管理しやすくしていきます。

狩猟採集をしてきた者たちは、常に安全が確保できたわけでもなく、そもそも逃亡してきたわけですから、最初はもちろん疑います。しかし、逃亡生活に疲弊している者たちは、エンリルの作戦に乗ります。もちろんエンリルはとても賢いので、最初は人間たちを怖がらせたり、嫌がらせたりするようなことはしませんでした。

それは、地球を支配してきた者たちの常套手段です。皆が夢を抱いて飛びつくような話をして、実際は非常に過酷な状況が待っているというパターンです。

特にホモ・サピエンス・サピエンスにとって、農耕はETたちによる、過剰な労働を搾取するための手段のようなものです。なぜなら、私たちは、本来食べる必要がない生き物として、すでにその可能性をセットされているからです。

もちろん、消化器官も持っていますし、優れた味覚も持っていますから、人生をより豊かにするために食事を楽しむこともできます。しかし、生きるための目的であれば、本来食べなくても生きられる設計です。

しかし、それを知られることは、人間を使役のために使い、自分たちの支配下に永遠においておきたいETたちにとっては都合が悪い事実ですから、私たちは食べ物によって栄養を摂取しなければ生きられないと教育されてきました。

もしかしたら、縄文時代に良い印象を持っている人たちは、この時代の初期のころだけを生きた経験を魂に持っている人たちなのかとも考えました。しかし、そんな時代に生きた経験をした人たちばかりのはずもないので、何か不自然さを感じます。

エンリルの計略あれこれ

残念ながら、平和な時期は長くは続きませんでした。定住するようになると、一気に人口が増えるため、また管理しにくい状況が起きます。するとエンリルは、例の大量虐殺を行います。

以前に起きた大洪水は、すでにエンリルたちが気象兵器を持っていたことを示しています。これを使って何度も台風を起こして作物が収穫できないようにしたり、生物兵器を使って疫病を流行らせ、人間はもちろんですが、動物たちにも感染させて食料を奪ったりしました。

また、以前大洪水を起こした後、人間たちは皆で協力して高い塔を作ろうとしました。旧約聖書に書かれている「バベルの塔」の話は、人間が力を合わせると、神に反抗することができるという象徴的な話です。

エンリルは同じことが起きないように、それぞれに違った宗教を与えて、協力し合うことも、理解し合うこともできないようにして、教会や寺院に帰依するように仕向けて、逃げ出すこともできないようにしました。

また、神たちに立派な作物を捧げられない者たちを虐げ、土地を奪います。人々は恐怖から収穫量を増やすために、より条件の良い土地をめぐって争うようになります。

このようにして、人々を分断し、対立させました。さらにこの状態を利用して戦争へと発展させるようなこともたびたび起こりました。縄文遺跡からは、たくさんの土器や土偶、農耕の道具が出土しますが、それと共に大量の鏃《やじり》が出土するのはその痕跡です。

こうして私たちは長い間、自分たちにとって、勝っても負けても何の利益にもつながらない戦いを強いられてきました。

縄文時代は、すでにかなり低周波の世界になっていたので、このような分離が一気に進みました。そして、ホモ・サピエンス・サピエンスを所有しようとする者同士も、地球外で激しく戦っていました。

それはレムリアではないのか？

さて、これは私の推測ではありますが、多くの人が思っている縄文時代の様子は、皆さんの話を伺っていると、どうもレムリア文明と一致する点が多いように思います。そもそも縄文文明がポリネシアを中心に発展していたとすれば、それは間違いなくムー大陸に存在した文明でしょう。

レムリアはまさにポリネシアに存在していた巨大なムー大陸を中心にして発展していました。当時はまだ周波数が高く、人々の意識は強い分離を持たない調和と融合の状態が維持できていました。

そして、今生まれてきている日本人の魂の多くは、レムリアの記憶を持つ九龍のスピリットを受け継いでいます。レムリアの社会は、まさに私たちがこれから目指す、「所有」という概念から解放された調和した世界です。ですから、競い合いや争い、奪い合いなどはありません。

しかし、レムリア文明と同じような文明を目指すことが最終目標ではありません。私たちは、レムリアの人々が達成することができなかったその先へと目指します。

多くの日本人にレムリアの記憶が刻まれている可能性は非常に高いわけです。

皆さんのその記憶は、今はまだ潜在意識下で眠っている状態ですが、外から刺激を受けると反応します。

その刺激が縄文文化というものかもしれませんが、これは間違った部分が含まれている情報です。ということは、皆さんの貴重な記憶を書き換えることで、未来の可能性を封印しようとたくらむ者がいるのかもしれません。

正しくは「レムリア＝縄文」と認識することによって、皆さんに潜在しているレムリアの記憶の扉が確実に、そして、もう間もなく開かれるでしょう。そして、この記憶を持っている人たちは、自分が何者で、今この地球において何をしなければならないかも同時に思い出し、活動し始めるでしょう。

いずれにしても、皆さんが心配する必要はありません。すでに銀河連合も、私が属している宇宙の組織も新たな局面を迎えて、積極的に動いています。

皆さんもよくおわかりの通り、心配のエネルギーは非常に低い振動ですから、心配こそが地球の足を引っ張ってきたETたちの思うつぼです。心配するより、今できること、また、しなければならないことにフォーカスするように努めましょう！

私たちはレムリアのさらに先を目指しているのですから。

「天津神」VS「国津神」

天照大神の系譜とその反対勢力

神道の教えでは、天津神《あまつかみ》は高天原《たかまがはら》に住む神たちのことで、天照大神の系統の神々です。また、それに対して国津神《くにつかみ》と言われるのは、葦原中国《あしはらのなかつくに》と言われていた地上の世界に降りてきて活躍している神々のことだそうです。

しかし、最近起きている様々なことから、物事には裏と表があることに多くの人が気づき始めています。「裏がある」という響きからは、あまり良い印象を受けないかもしれませんが、物事に裏と表があること自体は、良いも悪いもなく、二元性の世界においてはごく当然の原理です。

そして、天津神、国津神の識別に関しても、例外ではなく裏があります。歴史は常に過去の話ですから、今となってはわからないということがたくさんあります。そして、歴史は常に歪曲されて、時の権力者や支配者に利用されるものです。

日本の歴史も同じです。天津神は、天照大神を皇祖として祭る天皇家の系統、つまり神社庁が認めた神々のことをそう呼んでいます。しかし、この神社庁そのものが、戦後はＧＨＱの管理下にありましたから、日本人が決めたとも言い切れない部分があるかもしれません。

一方、国津神は、その反対勢力とも言えますが、いわゆる伊勢信仰とは違う系統の神々、例えば土着的な信仰の対象となってきた神々や、大山祇命《おおやまつみのみこと》や出雲族の神々など、「天孫降臨」以前の古い時代からこの地を治めてきた神たちのことを指し、その中で、ＧＨＱをコントロールしていたエンリルや他のＤＳにとって都合の悪い神々は除名処分を食らったわけです。

「古事記」「日本書紀」以外の古史古伝に書かれていること

日本には記紀と呼ばれている「古事記」「日本書記」があり、他に「先代旧事本記」や「古語拾遺」「竹内文書」「宮下文書」「九鬼《くかみ》文書」や「ホツマツタヱ」など古史古伝が残されています。しかし、それぞれ書かれていることは違う部分も多く、何が真実なのかわからないと言っている方の話をよく聞きます。歴史とは、そもそもそういうミステリアスな部分や裏があるというところが魅力であり、自分なりの研究をしたいというモチベーションにつながっているように思います。

一般的には記紀はポピュラーですから、広く親しまれていると思います。しかし、それ以外のものは、記紀とは一線を画すような世界観で、記紀しか読んだことがないに人にとっては、かなりセンセーショナルな読み物と言えるでしょう。

記紀以外の古史古伝に書かれている内容は、始まりは、宇宙創生くらいまで遡るのですが、かなりグローバルな世界観を持ち、記紀の中で登場する神たちは、世界を舞台に活躍しています。

そして、私自身が興味を持つのは、これらの書物に書かれた内容は、先住民族たちが大切に守ってきた教えとかなりの共通点が多いことです。また、宇宙で起きていることの縮図が地球に見られるという点においても、それぞれ、うなずける部分を持っています。

皆さんにとっては、神話というものそのものが、すでにフィクションだという前提で読まれているケースが多いので、そもそも、どちらが正しいとか、より信憑性が高いというような判断は不要かもしれません。

しかし、ここに書かれていることは、決してすべてがフィクションなどではありません。それぞれに途中で改ざんされた部分があったとしても、それが書かれた当初は、事実をできるだけわかりやすく後世に残そうとした歴史的な記録書としての役割を持っている部分もあるはずです。

ですから、「宇宙」には何らかの先進的な文明なり、知性的な文明があると信じられるのであれば、世界中の神話を歴史的な記録だと思って読んでみると、驚くような事実が浮かび上がり、世の中の見方や、現実に対する見方が大きく変わるでしょう。

実際、世界中の神話には共通点が多く見られます。そのことだけを取り上げても、歴史であれば、共通しているに決まっていますから、納得していただけるのではないかと思います。

対立してきた者を知るとても大切な意味

このような視点で改めて世界の神話について見ていくと、「天津神」対「国津神」のような対立構造は、他の神々の間でも見られます。

日本の場合は、もちろん「天照大神」対「須佐之男命」の対立が挙げられます。そして、その息子、もしくは六代後の子孫であるとも言われている大国主命対兄たちである八十神《やそがみ》、そして、これは謎に包まれ、明らかにされていませんが、先述した饒速日《にぎはやひ》対その弟の邇邇芸命《ににぎのみこと》も挙げておきましょう。

日本以外では、これまで述べてきた、大地の主であるエンキ、つまりエア対風の神エンリルや、昼の神オシリス対夜の神セトも挙げられます。

そして、興味深いのは、皆兄弟関係にあるということです。これらは、「元は一つ」であることの象徴のように思われます。

このように周波数の低下とともに一つであった者たちは分離を繰り返していき、多くの要素に細分化していきますが、二つの極に分かれた状態が最も強く反発します。

歴史はこの反発と戦いの繰り返しでした。しかし、俯瞰《ふかん》して見ると、それが直接地球人類の利益になったかどうかは別として、この対立こそが多くの科学技術を生み出し、発展させてきました。

そして、この二極が臨界点に達した今、「分離」から反対方向である「統合」へと大きく動きが変わり始めたところです。

そのために最も大きな混乱と困難に満ちた時代を迎えたわけですが、私たちの魂はあえてこの時を選んで生まれてきました。

ですから、私たちはいったい何と何が対立してきたのかを知る必要があります。そして、対立してきた者同士を統合させるために、いったい何が必要なのかを理解する必要もあるでしょう。そのために、まったく新しい中立な視点を持って、物事の真相を見つけなければならないでしょう。

新しい文明はすでに始まっています。そしてこの文明は今までとはまったく違う文明です。その大きなポイントは、「戦わない文明」であるという点です。

こうした意味で、日本の神話とされてきた歴史書は、私たちに戦わないための大きなヒントを与えてくれるはずです。

スサノオは本当に「荒ぶる神」なのか

国津神の代表的な存在であるスサノオ（読みにくい漢字が続くので、スサノオとアマテラスはしばらくあえてカタカナ表記することにします）より以前にもたくさんの神々が存在します。

それは、造化三神と言われる宇宙開闢《かいびゃく》の神である、天之御中主神《あめのみなかぬしのかみ》、高御産巣日神《たかみむすびのかみ》、神《かみ》産巣日神《むすびのかみ》という三柱の神たちから始まります。この三神がたくさんの神々を作り出していきますが、これは九龍が意識の作用でたくさんの生命を生み出していったのと同じです。この時代は当然まだ物質世界ではないので、このような初期の神々は意識体、つまりプラズマ知性体です。

ずっと後に、肉体を持つ神としてイザナギ、イザナミという夫婦神が現れます。そして、この二柱の神たちの子として登場するのが、アマテラス、月読《つくよみ》、スサノオということです。

このころの神々はすでに物質がある世界で肉体を持った神たちです。そして、スサノオは地球を統治する役割を持って地球にやってきたわけです。しかし、よく考えてみると、スサノオが降臨したという話は記紀には登場しません。むしろ追放された話となっています。

記紀以前の古史古伝には、スサノオは世界をまたにかけて、地球を統治していた様子が書かれていますが、それはまさしく太平洋上にあったムー大陸において、レムリアの時代に活躍していたと推測できます。しかし、そのことが言及されることはほとんどありません。あるとすれば、一部の古神道の研究をされている方や、マニアの方が言われている程度で、世間一般的には知られたとしても、都市伝説並みの扱いを受けているような印象を受けます。

それと同時に、スサノオが先に地球に来たのだから、スサノオはアマテラスの兄であるという意見を持っている人が出てきています。これも面白い現象です。

世間で知られているスサノオの印象は、荒ぶる神であり、破壊的で恐ろしく、しかも子供っぽい純粋さを持っています。

その反面、非常に高い知恵を持ち、櫛名田比売《くしなだひめ》との仲睦まじい夫婦関係は、皆さんのあこがれるような要素で、男性らしい強さと包容力を持っています。しかし、それはあまりクローズアップされない一面です。

しかし、私の知るところの宇宙におけるスサノオの姿は、非常に交渉上手で、コミュニケーション能力が高く、対立する人と人、勢力と勢力を非常に上手にまとめて調和させる力を持っています。

ですから、決して荒ぶる神という印象は残されていないように感じます。実は地球で言われている多くのことは、宇宙的には耳を疑うことが多いのですが、スサノオに関することもその一例です。

神話から消えた饒速日の謎

さて、ムーの時代にシュメール文明が始まりましたが、この時代には多くの種のETたちが地球にやってきたことは先にもお伝えした通りです。ですから、あちこちにほぼ同時多発的に文明が築かれていきました（この文明を築いたのがいわゆる日本で言われているところの赤人、青人、黄人、白人、黒人の「五色人」というわけです）。

その中でも最も古く、しかも当時の地球の中心的な都市国家であったシュメールや、今で言うところのペルシャ湾一帯を治めていたのはスサノオとその一族です。それに続くエジプトも、ユダヤもすべてはスサノオから始まる種族たちが治めていました。

ですから、スサノオとエアには何かつながりがある可能性を皆さんも感じているのではないでしょうか。このことは後ほど詳しく触れますが、まさにスサノオは世界の歴史に登場するヒーローたちの祖先です。

そして、エアが悪魔呼ばわりして追放されたのに対して、スサノオも荒ぶる神呼ばわりして退かされてしまいましたから、やはり共通する部分が見えてきます。

このように、あちこちで同じことが、まるでフラクタルのように見えてくるのは、そこに重要な意味が潜んでいることを示しているはずです。

先述の邇邇芸命《ににぎのみこと》とその兄である饒速日《にぎはやひ》の関係の裏には、特に重要な真実が隠されているのでしょう。私は今まで、ここに触れようとすると、「縄文」以上にプレッシャーをかけられるような出来事が起きてきました。

先に降臨したのは饒速日であったはずなのに、記紀に饒速日の話はまったく出てきません。しかし、最近になって、実は天孫降臨は二度あったと言っている人の話を何度か聞くようになりましたが、饒速日に関することは、これまで、重要な秘密に触れるように、密かに語られてきたように感じます。

饒速日という神が実際どんな神であるか、何をしてきたかを語られることはあまりなくても、饒速日の子孫である物部氏は、今でも日本という小さな国家にとっても、地球という大国家にとっても、非常に重要な役割を担ってきた一族として、今でもしっかりその役割を果たしています。

もし、エアのように神話の中に登場し続けていたら、やはり濡れ衣を着せられたのかもしれません。ですから、謎に包まれてきたおかげで守られたのかもしれません。しかし、このように長い間何世代にも及んでしっかりと守り続けるところは、非常に日本人らしいところです。

世界の王族が認めた王の中の王

饒速日《にぎはやひ》は天津神系の神ですが、饒速日も、記紀から排除された国津神系の神々の子孫たちも、今という特別な時を迎えるために長い間、密かに準備をしてきた一族だと言えるでしょう。

その方たちが今まで日本の天皇家にどんな困難があっても、どんな陰謀があっても、忍耐強くこの時を待って、役割を全うしてきた方たちだと私は感じています。

今上天皇にも弟である秋篠宮様がおいでになります。そして、このお二人の関係が、今までの兄弟図とは違う円満で良好な関係となることは、今後の地球の進化と深く関わっているのではないでしょうか。そのことをよくご理解あそばしている、今上天皇は、秋篠宮様にあえて皇嗣殿下とする旨、正式に勅命されたのではないかと拝察します。

なぜなら、日本は世界の雛形だとお伝えしましたが、つまり、日本で起きることは、世界で起きることです。日本の象徴である天皇が何をなさるのか、何を選択なさるのかによって、地球全体がどうなるかを示すことになるからです。

かつて、メソポタミアは大変重要でした。なぜなら、そこが世界の中心であり、すべての雛形となったからです。しかし、今後はその役割を日本が果たすことになります。

ですから、私は天皇陛下と秋篠宮様というご兄弟が、今後円満であるということは、今までこのように対立してきた兄弟たちが、晴れて統合して、進化を促進することにつながると思っています。

私は以前にポーランド大使と少しお話する機会がありました。そのときはまだ、今上天皇は皇太子でいらっしゃいましたが、大使は、「日本の皇太子様は、何千年に一人しかお生まれにならないと言われる、世界の王族が認めた王の中の王でいらっしゃるのですよ」「そのことは世界の王族の方々が皆認めていらっしゃいます」と話してくださり、私は非常に強い感銘を受けた記憶があります。

そもそもこうして長い間、日本のみならず、地球全体の進化のために尽くしてきた家系の方々は、天津神も国津神も関係なく、本当に重要な物事をよく理解して、分け隔てることなく大切に守ってこられた方々だと思います。このような精神性こそが日本人に与えられた賜物であると強く感じるのです。

テラという「生命の楽園」を作る

抹消された神々がいる

さて、「天孫降臨」つまり天照大神の孫である邇邇芸命《ににぎのみこと》が降臨する以前の状態は、非常にスケールの大きい世界観で、「日本」という小さな国家に捕らわれる概念はなく、広い世界を統治していたことがおわかりいただけたと思います。

もちろん日本という国そのものがまだありませんから、「日本の神々」という概念もありません。ただ単に宇宙から来たスサノオというET、エアというET、オシリスというETが、非常に多くの可能性を持つ豊かな地球に来て、それぞれがその時代にふさわしい豊かな文明を築き上げていました。もちろんスサノオも、エアも、エジプトの神々も、一柱ではあのような偉業を成し遂げられたはずがありません。たくさんの優秀な仲間がいて、それぞれの専門分野を担っていた神々がいたはずです。

しかし、その当時からしたら、状況がだいぶ変化しているわけですから、今となっては、記述も消され、あるいは、後の権力者にとって都合のよい内容に書き換えられてしまい、語り継がれることがなくなってしまった存在たちもいるわけです。

それでも、全国の神社には、謎の神がたくさん祭られていて、今でも人々の生活に溶け込んでいるタイプの神もいらっしゃるでしょう。

人間の責任——永久に手入れをし続けなければならない

まず、私が思いつくのは、エアの息子のトートと宇迦之御魂神《うかのみたまのかみ》という稲荷神社の神です。もともと稲荷系は狼族を祭る神社です。この二人はともにシリウスの優秀な植物研究者であり、遺伝子工学者でもあります。彼らが作ったたくさんの植物は、豊かに地球を彩り、また、他の人間や動物たちや昆虫を繁栄させて、調和を保つための重要な役割を担ってきました。

また、トートが守ってきた植物について先述しましたが、植物が持っている本来の霊的な智恵を生かして、健康維持や精神の安寧、そして、人間が内なる神と統合することを助け、それぞれに備わった能力を引き出したり維持したりするために作られた植物が多く、それは驚くほどに効果がもたらされるものでした。

しかし、そのような植物は、根こそぎ焼き尽くされ、根絶される運命となりました。聖書の中で「神は、草の根の一本たりとも残すことなく焼き尽くせ」と命じています。つまりヤハウェに成りすましたエンリルが、人間や動物たちと自然界とのつながりを断絶させて、権力に依存するように仕向けました。

10年ほど前、私は日本に現存するごくわずかの木こりの方からお話を伺うチャンスがありました。

その方は、八ヶ岳周辺の森林を整備しているそうですが、そのあたりは戦前、たくさんの麻が自生していたそうです。そこにGHQがやってきてすべてを焼き尽くすために何度も火をつけたそうです。

自然界は人間が一切何もしなければ、すべてが調和するので、そこに暮らす動物も、鳥も、昆虫も、そしてもちろん土の中の微生物たちもすべての調和を保たれるのだそうです。しかし、一度人間が入り、枝の一本でも折ってしまうと、それ以降永久に手入れをしなければ調和が保たれることはなくなるのだそうです。

これは人間が自然に対して負わなければならない責任ではないかと言っていました。ですから、戦後八ヶ岳周辺の地域はすべて人の手が入ることによってしか成り立たない、自然とは言えない世界と化してしまったそうです。

何とも心に重く響く話でした。八ヶ岳ばかりでなく、地球のほとんどの地域が、田畑を含めて、人の手を必要とする不自然界になってしまったことに、改めて大きなショックを受けます。

それと同時に、私はチェルノブイリの原発事故の後、調査に入られた科学者の一人から、最も線量が多かったとされる地域の写真を見せていただいたときの驚きを思い出しました。

それは、まるで熟練した庭師が手がけた楽園のような様でした。しかも、絶滅危惧種だと言われていた種が4000頭余りに繁殖しているとのことでした。もちろん、これは非常に嬉しいことではありますが、同時に人間の存在意義の希薄さのようなものを感じてしまい、心に刺さる写真でもありました。

人間はこのままでは地球にとって、異物でしかなくなってしまいます。本来はテラが切望したはずの地球人であるはずなのに、何ということをしてきたのでしょう。それでも今この本を読んでくださっている方たちは、このようなことが二度と繰り返されないことを強く願っていることでしょう。そして、その願いは必ず実現化するはずです。

なぜなら、今生きる私たちの思いが未来を創造するからです。

裏も表もある麻の栽培と種苗法

このタイミングで、また新たな情報を聞くことができました。それは、麻に関することです。今世界中で麻の栽培を見直されている動きがあります。麻には様々な有用性がありますから、特に医療用として使用されることによって、大きな効果が立証されて、麻の収量を増やすための検討をされてきたところです。

私の知り合いのアメリカ人も、住んでいる州が麻を合法化したために、周囲の状況が急速に変化したことに、何か異様な感じがすると話していました。そのような世界の状況に遅れて、今日本でも、合法的に麻を育てる農家を増やして、医療用などに用いる方向で検討が進められているそうです。

やはりこの話にも、裏も表もありそうです。

麻と言えば、やはり皆さんが思っている縄文文化と結びつくのではないでしょうか。

麻には様々な用途があり、また非常に神聖な植物でもあります。私は急速に麻が合法化されたり、麻の成分で作られた商品が急増したりしているこの動きに不自然さを感じてなりません。どうしてもここに何かが隠されているように感じます。

それから、もう一つ大きな問題があります。それは種苗法の改正です。通常収穫した種は、次期のために各農家が保存します。しかし、それを認めないという法案が、国民が気づかないうちに成立してしまいました。種が勝手に進化して違う植物ができないようになどという意味のわからない名目ですが、種は次世代を作れないF1種ばかりになり、毎年農家は種を購入しなければならなくなりました。

しかし、F1種というのは、知恵を持たないクローンです。それを大地に撒くだけでも自然に対する侵害です。そして、このよう振動数が乱れて低い、植物とは言えないものを食べている人間の感覚や、思考や、感情は大きくダメージを受けて、さらに大地や自然界を平気で侵してしまうようなことをしかねません。

こうして、私たちはどんどん自然から引き離されています。そして、かつてエデンで経験したように自然と共に生きる高い精神性を維持することが、まったくできなくなってしまいました。そのために、より現実的な意識を経験し、現実的な取り組みにフォーカスせざるを得なくなりました。

これも俯瞰して見れば、私たちにとって必要な経験でしたから、今誰かのせいだとか、誰が悪いと言っても意味がないことです。

私たちは、この困難な時代を通して、真に望むことが何か、テラの恩恵を受けて、テラと共に生きることがどんなに素晴らしいことかを理解し始めています。

ですから、この先何が起きたとしても、私たちは、テラとともに調和した世界を創造するというゆるぎない意志を確立させて立ち上がり、権力の狂った力に惑わされることなく、歩みを進めなければなりません。

「智慧の木」の種を再び撒く時が来た!

私たちは、今思い出さなければなりません。植物は、私たち以上に優れた感覚を持ち、慈悲と愛に満ちた存在であることを。

植物は個別の魂を持っていません。ネイチャースピリットという一つのスピリットがテラの上に生きるすべての植物を統括しています。ですから、今目の前の植物の枝を折れば、全世界の植物が痛みを感じます。こうして植物は一つに統合された知恵を持ち、テラの意志を受け継ぎ、全世界で起きることを経験してきたのです。

その経験を通して叡智を受け取ってきました。私たちホモ・サピエンス・サピエンスが誕生するずっと以前から、植物たちは、常に命を次世代へとつなぎながら、テラの上で起きることを見続けてきたわけですから、私たちは彼らからたくさん学ばなければならないことがあるはずです。

トートが私のもとに来たとき、これらの種を再び撒く時が来たと言いました。

そして今、長い間地底で眠っていたトートやその仲間たちが目覚め、再びテラに太古の時代に存在していた「智慧の木」や「生命の木」を復活させるために、種を撒き始めました。

先述したように、このことに関しては、本当に「アバター」という映画の内容と非常によく似ています（112ページ）。人間が意識をつなげることで動く肉体は、まるでトートやその仲間の科学者たちが長い間地底世界で眠っていた肉体と同じです。今、トートはその肉体に意識を再び宿らせたことによって、蘇ったということです。

そして、映画の中で、舞台となる幻想的なパンドラ星には、巨大な美しい木「ウトライヤ・モクリ」声の木、「アイヴィトラヤ・ラムノン」魂の木、が存在します。もちろん映画の中の世界ですから、すべてはフィクションと思うことが通常の感覚かもしれません。

しかし、多くの人がこの映画に魅せられたのは、ここに描かれた世界観は、過去に私たちの魂が経験してきたことを、無意識の領域が思い出したからではないでしょうか。私たちは覚えていないと思っていても、私たちの魂は覚えています。そして、私たちの細胞も覚えているのです。

この映画に登場する木は、私たちの先祖であるトートたちが、テラ自身が望む楽園を作るために多くの努力を惜しまずに生み出した聖なる木のイメージと同じです。

そして今、私たちの目覚めとともに、木たちが復活するように、20万年も前から彼らは準備をしていました。そのおかげで、今このタイミングに生きている私たちは、テラの望む「生命の楽園」を築くことができるのです。

日本の神々は日本人の祖先

スサノオの血脈

シュメールの神話にはスサノオという名は登場しません。しかし、記紀以前の古史古伝には、スサノオがシュメール文明やイスラエルとも深く関わっていることが記されています。しかし、スサノオが活躍していた時代は、シュメール文明のあった時代よりもかなり古い時代ですから、シュメール神話にその名が記述されていなくても不思議ではありません。

もし記述があったとしても、エンリルにとっては都合が悪いので、その石板は、隠されているか、もしくは壊されているでしょう。

その理由について集約して言えば、スサノオやその子孫たちが、日本の「八百万の神」という独特の信仰と同様に、人の数だけ真実が存在すること、そして、あらゆるものに価値があり、霊的な尊厳があることを教えてきたからです。

それは、一神教が持つような一人の「神」による絶対的なパワーによって支配しようとするエンリルにとっては障害となります。

もう一つは、日本人の魂が九龍のスピリットを宿す、特別な役割を持つものであることが、エンリルやそれ以外のＤＳにとっての脅威であり続けたからです。

まずここでは、後者のことについて、お話していくことにしましょう。


日本に長く根づいてきた信仰は、八百万の神々に対する信仰ですが、これらの教えでは、神々は日本人のルーツ、つまり祖先だとはっきりと教えています。この点は、一神教とはまったく違うところです。

ですから、スサノオも、エアも、イエスも、そして大国主も、日本という特別な地に生まれてくる魂を、自分の血を脈々と受け継いできた子孫として、常に守り育ててきました。それはもちろん厳しさも含めてのことです。

九鬼文書によると、シュメールに行き着いたスサノオの子孫に、ノア（野安）、モーゼ

（母宇世）、イエス（伊恵斯）がいることが書かれています。そして、エジプトの遺跡には、モーゼがトートの息子であったことが明記されています。そして、トートはエアの息子ですから、スサノオはエアの先祖だということになります。また、ノアはシュメール神話の中ではジウスドラという名前で登場します。ジウスドラは、シュメールの中央都市であるシュルッパクの王であったとされています。そのことからも、ノアはエアにとっては重要な部下であったことがわかります。

つまり、スサノオは歴史上にも宗教上にも名を残す多くの人たちの祖先となりますから、スサノオはどんなＥＴで何を目的として地球に来たのか、興味が尽きないところですね。

日本には多くの神々の名が残っている

日ユ（日本とユダヤ）同祖論という話をよく聞くようになり、そのことに多くの人々が納得、もしくは同意を示すようになってきています。しかし、この話からすると、日本とユダヤばかりではなく、エジプトも、トルコやブルガリアなどの東ヨーロッパも皆同祖だと言えるでしょう。

このことからも、世界はもともと一つであったという発想が生まれてくることは、今後の地球の発展と進化のためにも重要なことです。もちろん五色人という違いはあったとしても、その違いがあるからこそ、たくさんの可能性が開けていきます。そして、さらなる進化が促されます。そのことは、レムリア文明やムー、アトランティス文明を作ったETたちが単一種族からなるグループではなく、違ったルーツを持つ優秀な者たちがグループを結成して一つの文明を築いたことからもわかります。

これらの一見違った文明のように見えるそれぞれの文明の終着点とも帰結点とも言えるのは、地球の雛形である日本です。

この地球における最古の文明を開いたスサノオを中心として、多くの神々の名が日本に残っているのは、信仰や思想の違いで人を排除することがないように、どんな困難があっても受け入れ、乗り越える強い精神を養い続け、信仰が受け継がれるように守ってきた証です。

大国主命が貫いたこの精神

日本では出雲族と言われる国造の神々がいます。その代表はもちろん大国主命です。

彼は、長い間日本に受け継がれてきた「受け入れる」精神を貫いてきました。大国主命もエアと同様に、兄たちである八十神に二度も殺されてしまいますが、母によって助けられます。これも決して逃げたり、戦ったり、抵抗したりすることなく、相手を受け入れる精神を貫いた証だと思います。

その後、天照大神が、「私の子、正勝吾勝勝速日天忍穂耳命《まさかつあかつかちはやひあめのおしほみみのみこと》が葦原中国を治めるべきだ」と言い、交渉の遣いを出したときにも、一度も拒否することはしませんでした。

最初の遣いは、思兼命《おもいかねのみこと》の意見によって、天照大神と須佐之男命の子とも言える、天穂《あめのほ》比命《ひのみこと》を遣いにあてることになりました。しかし、天穂比命は3年経っても帰ってきません。それは、大国主命の造った葦原中国の素晴らしさと、大国主命そのものの偉大さに感銘を受けて、大国主の臣下となってしまったからです。

そして、次に遣いに出されたのは、天若日子《あめのわかひこ》でした。天若日子は、この素晴らしい国を我が物にしたいと考えて、大国主命の娘である下照《したてる》比売《ひめ》と結婚して8年経っても帰りませんでした。このように、いずれも葦原中国がいかに魅力的で素晴らしいところだったかを物語っています。

実はこの下照比売、別名高比売とも呼ばれますが、これは私の魂の記憶に残る一つの人生、つまり皆さんの言葉を借りると過去世です。私の記憶をたどると、個々にも裏があります。天若日子はもちろん大国主の造った素晴らしい世界に魅力を感じていたことは確かです。しかし、そこを我が物にするためだけに私と結婚したとは思えません。彼もちゃんとリスクを理解していましたから。

最終的には、天照大神は建御雷之男神《たけみかづちのおがみ》を遣わして、国を譲るよう迫ります。これに対しても大国主命は、自分ばかりでなく、先に息子の意見を聞いてくださいと言うのみでした。

さて、このあたりはかなりやんわりと書かれているように思えます。そう思う理由は、天照派はかなり早くから武装したグループだったことを、私は認識しているからです。このあたりのことは、地球の見解とは大きく違っているかもしれません。後ほどこの見解の違いはお伝えしましょう。しかし、皆さんはあまりに一方的な見方しか与えられずにいる状態だということは確かです。

天照大神とは何か

「天照大神」というのは個人の名ではありません。これは役職名のようなもので、地位を表すものです。ですから、かつてのアマテラスとスサノオの対立状態はすでにありません。

今現在天照大神の地位にいるシリウス系の非常にスマートなETも、新しい時代をけん引する大きな力となる日本人に絶大なる支援をしてくれています。このこともお伝えしたうえで、当時の状況をお伝えしたいと思います。

国譲りの話に登場する天照大神は、非常にアグレッシブなところがあり、宇宙の中で勢力を増している状態でした。ですから、野心にあふれていて活気があったという見方もできるでしょう。その様子は、荒魂である瀬織津姫《せおりつひめ》が伊勢の本殿に祭られていたことからも、おわかりいただけるのではないかと思います。

ですから、出雲勢に対して武力をちらつかせて脅したと言うことです。それに対して息子の意見も聞いてくださいと言ったのは、大国主命はことを穏便に済ませるために、退く準備の時間稼ぎをしたと考えられます。

政治の中心にするべきではない神聖なエリアを守るような形で、息子である事代主神《ことしろぬしのかみ》や、建御名方神《たけみなかたのかみ》の隠遁《いんとん》地とし、そこから出ないことを約束しています。それらのことを家族で話し合って決めるための時間が必要だったのではないかと推測できます。

そして、出雲には大社を建ててほしいという条件をつけて、大国主命自身もそこに隠遁しました。もともと出雲大社は、80メートルもある高い柱の上に建てられたお社でした。そこに上がって大国主命は、当然俗世からは隔絶された状態で過ごすことになりますが、彼らは密教的な力を持っていたので、不自由はしませんでした。

むしろ、天照が始める中央集権的なパワーによる統治に巻き込まれることなく、必ず未来に起きる地球人たちの自立の時に向けて、準備を整えることができたのかもしれません。

起きることはすべて完璧である

事代主神と建御名方神が隠遁した地には、それぞれを祭られている神社があります。事代主神は、島根県の美保関にある美保神社が総本宮です。そして、建御名方神は諏訪湖にある諏訪大社に祭られています。

ですから、それぞれとても大切な場所であることがわかります。どちらも水に関わる地であることが共通しています。現代科学の世界でも、徐々に「水」の性質が解明されてきていて、そこには驚くべき知性があることもわかってきています。

亡くなられた筑波大学の名誉教授でいらっしゃった村上和雄先生がおっしゃった通り、科学を突き詰めていくと、そこには何者かわからない叡智を持つ者によって、すべてが促されているようにしか見えない。その知恵と作用を促すものをSomething Greatと呼んでいらっしゃいました。

本当にその通りです。私たちは、このSomething Greatの完璧な叡智と知恵を水に見ることができます。

村上先生の言われたこの言葉は、九龍《ナインドラゴン》と言い換えることができます。この宇宙は、99・999%がプラズマで満たされていると言われています。プラズマの元をたどれば水です。ですから、宇宙全体が叡智で満たされ、その愛の中で、私たちはまるでクラゲが広大な海の中で自由に漂っているかのように生きています。起きることはすべて完璧であり、自分にとっての必然だと理解することが、スピリチュアルな世界への登竜門です。これをスピリチュアルな世界では「基本的信頼」と言います。

私はイエスの意識をチャネルして、イエスの教えを説くクラスを行っています。イエスは生徒たちに「あなた方は一生涯かかっても、自分の姿しか見ることはない」と言います。それがどんなに受け入れがたいことであっても、よく観察して、深く熟考すると、そこには確かに自分自身の姿が見えてきます。

それは常に、人間の考えが及ばないような完璧なタイミングで、しかも、深い意味を持って与えられる自分の鏡なのです。

神々の意志を受け継ぐ日本人

スサノオの教えは、常に普遍的な科学であり、またそれは、スピリチュアルだと言い換えることができます。ですから、その子孫であるイエスも、出雲族も皆、目の前で起きることは自分自身の内面の投影であることを知っていました。鏡であれば、現実的に相手を説得したところで意味のないことです。自分自身の内面の調和を図り、それを水に移すことができれば、宇宙中の水がそれを受け取ってくれます。そして、新たな知恵を与えてくれるのです。

そこで、大国主命は、宇宙とダイレクトにつながることができる水辺を大切に守るために、美保関と、日本の中心でもある諏訪湖に息子たちを守り神として据えました。

彼らは、ご自身をどれだけ研ぎ澄まして過ごされたことでしょう。そこに思いをはせると、おのずと合掌し、深く頭をたれずにはいられません。

そして、私たちには、彼らと同じ血が流れ、彼らのスピリットを宿す魂を受け継いでいます。ですから、日本の地を大切に守り、世界を一つにするよう、起きることを否定して拳を振り上げるより、自分自身の内面を磨きなさいと教えているのではないでしょうか。

私たちが先祖である神々から受け継いだのは、「祈る」という知恵と、自分自身を整えるという教えではないでしょうか。

Ⅳ

イスラエルと日本、そしてエンリルの暗躍

イスラエルは宇宙の中心イズラエルと同じ

水瓶座の時代、日本が新しい役割を果たす

さて、ここまで読み進めてきてくださった皆さんは、すでに日ユ同祖論を超えて、世界のすべてが日本とつながりを持っているような感覚を持ち始めているのではないかと思います。

ですから、ここでイスラエル、つまりユダヤの話をするのは、矛盾しているようにも感じられるかもしれません。しかし、シュメールやエジプトと日本の共通点を見つけるのが困難であるのに比べて、言語的にも文化的にも、信仰的側面においても、あらゆる部分で日本の本来の在り方とユダヤの在り方は酷似している部分が多く見られます。そのことはすでに皆さんもご存じだと思います。

その理由は、日本とユダヤは同時進行でことが進められてきたうえに、そのことを進めてきたのがすでに地球からは排除されていたスサノオの子孫たちだからです。

一般的に、すべてとは言わないまでも、日本人はイスラエルから流れ着いた民族であると考えるようですが、確かにそれもあるでしょう。

しかし、日本はかつてレムリアの文明が展開されていた跡地であるばかりではなく、広大なムー大陸の中でも非常に重要な役割を果たすことができる、稀有なエネルギーを持つ土地でした。そして、日本はニュージーランドと対を成します。そして、もう一つの重要な対を成すのがシュメールです。

かつて、この地に文明が栄えたのにはわけがあります。エアはムー大陸に降り立ち、そこに広大な土地があるにもかかわらず、あえて子孫をメソポタミアの肥沃な大地に送り込み、そこに文明を築かせました。メソポタミアの地から発生した文明は、やがて世界へと広がり、日本の地で完成することを知っていたからです。

宇宙には、地球とは違う占星学という学問があります。これは単に天体観測をする天文学とは違います。また、今の地球社会で用いられている占星術という占いのようなものでもありません。

宇宙では、あらゆる惑星も恒星も生きて自分の意志を持ち、それぞれのテーマを持って探求していることを皆が認識しています。ですから、占星学を用いることで、地球という惑星がどのようにエネルギー循環を行い、それがどんなタイミングでどのように変化していくかを予測することができます。

それによると、古くから世界中の先住民族と言われてきた、ETたちから授けられた知恵を持つ民族が伝えてきた通り、水瓶座の時代に入るタイミングで、地球は大きくエネルギーの流れを変えることがわかっていました。

そして、この変化は、地球自身はもちろんのこと、他のどの天体も、どの星系もまったく経験したことがないような、非常に大きな規模で起きる変化です。

この変化を持って、日本が新しい役割を果たし始めます。ですから、このときのための準備は、イスラエルと同時進行で行われてきました。

所有の概念のないモデル都市イスラエル

さて、シュメールから発生した文明は、その後メソポタミアの地に文明を築き、エジプト文明を築き、インダス文明、インド、そして中国へと中心都市は移動します。また、ギリシャ、トルコなどに広がっていきます。こうして様々なことを学んできたスサノオの子孫たちが、次にその学びをもとに完成させようとしたのが、イスラエルでした。

時代はずっと後になって、紀元前1600年ころ、古代都市のあったメソポタミアのウルの族長だったアブラハムは、約束の地と言われるカナンを目指して出発したと、聖書には書かれています。

しかし、聖書はあくまでもエンリルにとって都合のよい書き方をされていますし、時にはまったく事実でないことも含まれています。例えば、エジプトの王族の血を引き、さらにイスラエルの王家の娘であったマグダラのマリアを娼婦にしてしまうくらいですから、どのくらいとんでもない書物かよくわかります。

アブラハムは、ノアの子孫となっています。しかし、実際にはノアの系統もエジプトのトートから流れる系統も、複雑に入り混じっています。それでも、イスラエル建国に向けての動きは、ここから始まっています。

イスラエルとは、宇宙にあるイズラエルという中央都市から来た言葉です。しかし、それは今私たちが存在しているこの宇宙ではなく、並行宇宙の都市のことなのです。E

Tたちの中には、自分たちがいる次元を超えて、さらに高い次元となる並行宇宙を訪れることができる存在もいます。スサノオやエアはまさにそうです。

彼らは、地球から離れている間、決して地球を忘れたわけでも、見捨てたわけでもありません。むしろ、彼らはより良い方法で、地球が新しい可能性を切り開き、進化の道へとシフトできるように研究していました。そして、別次元の宇宙を垣間見ることによって、次の目標をイズラエルに見つけたのです。

ですから、地球に残された彼らの子孫たちは、祈りを通じて、エアやスサノオと意識をつなげ、地球上に新しい規範となるモデル都市を作る計画で、まずはイズラエルを建国することになりました。

このモデルは、常に教育が中心となる都市で、現代社会のように「お金による経済」が中心になる社会ではありません。

先にも述べた通り、すべての生命のモチベーションは、「空」に潜在する可能性を知ることにあります。ですから、「知る」ための科学や技術を身につけ、さらなる既知を求めて、あらゆる分野を研究することが都市の中心に据えられています。

そして、探求のために必要な健康体を維持しさらにパフォーマンスを高めるための研究が行われ、肉体と精神と霊性のバランスを図るために、肉体とエネルギーフィールドの相関性を理解し、扱う訓練も行っています。

ですから、瞑想、リラクゼーション、霊的探究といった分野の研究もされ、もちろん全員が実践しています。

テクノロジーが発達して、知的な格差がなくなると、人間は余計な欲求がなくなります。つまり、本当に欲しい知的な好奇心に応える方法があれば、他の何かに代替えする必要がなくなります。こうなれば、お金というツールや、エコノミックな感覚は必然的に必要がなくなります。

エンリルの悪辣な妨害

当然エンリルは、このような計画を見逃すはずがありません。イスラエルの民を自分の所有物のように洗脳するために選民意識を植えつけていきます。

モーゼは民を連れてさまよいます。エンリルが成りすました「神」の意のままに戦い、都市を焼き尽くし、進軍します。

イスラエルの初代王であるサウルは、「神」が嫌うアマレク人を、老若男女を問わず皆殺しにしました。しかし、アマレクの王であるアガクだけには温情をかけて赦免したところ、神の逆鱗《げきりん》に触れてしまいます。それからは、自分が殺した亡霊たちに悩まされ、まったく眠ることができなくなります。

「神」は、すでに次の王を決めていて、美しい羊飼いの少年で、竪琴の名手であったダビデをサウルの元にやり、竪琴を聞かせると、その間は苦しみが和らぎます。こうして、ダビデはサウルの娘ミカルと結婚し、サウルの死後はダビデが王になります。

このように、エンリルが次々戦争を仕掛けたり、定住させることを避けたりしてきたのは、安定した生活を与えて人々の知恵が増したり、国家としての豊かな繁栄が起きると、「神」に逆らう可能性があると考えたからです。

イスラエルにおける都市モデルの計画は、イエスが磔刑《たっけい》に合うことで一度終わりを告げることになります。その後、拠点はイスラエル王家の継承者であるマグダラのマリアによって、今の南フランスに移されます。しかし、そこでも長くは続きませんでした。エンリルの息がかかるローマによってすべてを没収され、焼かれ、人々は離散するしか生き残る道がありませんでした。

その一部の人たちはエジプトに奴隷として売られていきました。私の過去の人生は、このエジプト奴隷として売られていったイズラエルの民、ユダヤ人たちを、インドにいるイエスのもとに連れ帰る旅をした記憶があります。ちなみにイエスは、磔刑から生きて降ろされた後に、インドに渡っています。

そもそもイエスもマリアも、エジプトの王家の血筋を引いています。ですから、聖母マリアもエジプトの厳しい教育を受けて育ちました。そのような事情があったために、エジプトの有力者との関係が残っていました。

このような中でインドに逃れた人たちは、北インドに安住の地を見つけることになります。このことは、ソロモンも仏陀も予言しています。約束の地「カナン」と言われていたところは、本当は北インドだったのです。イエスに先んじてインドに貿易商の奴隷として売られたトマスは、インドに渡り、イエスが来た時のために地盤を整えて待ちました。

しかし、彼らは国籍もなく、どこにも所属することができない人たちです。ジプシーという言葉がありますが、その発祥は、エジプトから解放され、祖国を持たないユダヤ人たちを意味する言葉で、彼らはどこにも属することができずに、旅をしながら生きるしかない人たちです。そして、どこに行っても迫害されてきました。

そして、ジプシーの守り神とされたのはセント・サラ、Saint. Saarahat Kali　つまり、私のもう一つの人生です。

エンリルによって、これまでの計画はすべて破壊されます。私自身の記憶の中には、このときの情景が色濃く残っています。

日本人の潜在意識にあるもの

ここで少しだけ私自身の話をさせていただきます。ジプシーの守り神としては、サラSarahとされていますが、これは実は簡略化された名前です。元はインドのパーリー語の名で、Saarahat叡智を持つ者という意味です。発音がとても難しいので、簡略化されたのでしょうね。今まで私はこの名を正確に発音してもらったことが2回しかありません。一度はアメリカに住むインド人の僧侶で、もう一人はブラジルで出会ったETでした。難しいのでサアラと表記することにしましょう。

サアラは、元はインドのシヴァ神の妻パールヴァティーの娘でした。パールヴァティーは、シヴァに色の黒さをからかわれてしまい、湖のほとりでひとり悲しく泣いていました。そのとき、創造神ブラフマンがやってきて、黄金の肌に変えてくれたという話があります。

私はイエスの娘として生まれたこともあります。そのときもやはりパールヴァティーの黒い肌を受け継いでいました。イエスもマリアも私の魂がインドから来たサアラの魂であったことを知っていました。それで、当時の名をそのまま私につけました。

もし、私がインドのサアラの魂を持っていなければ、大勢のイスラエルの民を無事にエジプトからインドへと連れていくことなどできなかったでしょう。そして、私の肌の色がイエスやマリアと同じ色だったら、私は殺害されていたことでしょう。

当時イスラエルはローマの圧政によって滅亡寸前でした。そのような状況下で、ローマの役人たちは、王位継承者を真っ先に殺そうとしていました。ですから、私は色黒だったために、エジプトから来た奴隷としてイエスやマリアのもとで暮らすことができました。しかし、両親と同じ肌の色で生まれた弟は暗殺を避けるために生まれて数時間で他の人の手に渡されました。

このように祖国を追われて国籍がないユダヤ人は、元はジプシーとは言わず、ロマと差別用語で呼ばれていました。しかしこの人たちが、ユダヤ人であることを理解している人はとても少ないと思います。そして、このようなユダヤ人は長い間どこに行っても排除され、迫害を受け続けてきた人たちです。

エンリルがエアの血統を強く持つユダヤ人を憎んでいるために、このようなことが続いてきました。ナチスのホロコーストでロマの人たちも犠牲になったのは、同じユダヤ民族だからです。


しかし、モデル都市を作るというイズラエル計画は決して頓挫したわけではありません。イスラエルという場所も名前も違いますが、同じ民族である日本人の潜在意識にこの役割は受け継がれ、この計画は現在も進行中です。

新しい教育の仕組みを実践するような、具体的な動きは始まっています。

続いてきた日本への黒い圧力

ローマ教皇2世は上古の日本を訪れた

歴史的真実を知ることは大変難しいことですが、直接経験した人の話は最も信頼できるものです。そうは言っても、私たちが直接聞くことができた歴史的な話は、せいぜい明治の後半くらいかもしれません。

私自身は、幸い父方も母方も、両方の祖父が面白い立場にいたので、その祖父たちがやってきたことを間近で見て、話を聞くことができたのは、非常にありがたいことでした。これらの話をもとにさらに過去をたどっていっても、日本は長い間、明らかに対外的に苦しい立場に立たされてきたことがわかります。

特に、日本という国の土台を築いた織田信長を明智光秀が暗殺したことによって、海外からの黒い圧力があったことが明確になったように思います。当然、その圧力は、もっと古い時代から着々と準備されてきたことだと思います。

私はかつてブラジルを訪れたときに知り合った、当時86歳になる生物学者との出会いによって知ることになった衝撃的なことがあります。このおばあさんは、ブラジルではかなり著名な博士でした。彼女は非常に聡明で、しかも広い分野にわたって博学でした。私はその女性と同じホテルに長く滞在していたので、その間何度も食事を一緒にすることができました。

そんなある日のランチの折に、彼女は先に席についていましたが、後から食事会場に入っていった私と夫の姿を見つけると、嬉しそうな様子で、同席するように促しました。私たちが着席するかしないかというぐらいのタイミングで、待っていたかのように、「ねえ、あなた、なぜローマ教皇2世（ペテロに続く第2代目の教皇、聖リノ）は、お供の者もほとんど連れずに、小さな小舟に乗って、わざわざ日本まで行ったのかしら？」「ぜひ教えてほしいの」と言いました。

私は、そんな古い時代にローマ教皇が日本に来たなんて聞いたことがありませんでした。だから「わかりません」と答えると、彼女はかなり驚いた様子で「どうして知らないの？　私たちは学校で歴史の時間に教わったのよ」「教科書にも載っていたわよ」と答え。そのうえで「よほどの意味があったと思うの」「どうしてもそれが知りたい」と言いました。

本当にそんなことがあったのであればそれは一大事じゃないですか。もちろんその当時はまだ外交などされていませんから、海外から、しかも朝鮮半島などではなく、ローマから、日本を訪れることなどあり得ません。ですから、もしそんなことがあったのなら、私のほうが知らずにはおけません！

でも、そのとき、私の中にはすでにあることが浮かんでいました。そこでさっそく調べてみると、「やっぱり！」と思わず声に出して驚きました。伊勢神宮の建立には、バチカンが絡んでいたと思われるのです。

伊勢神宮建立の策略

天照大神を間近にお祭りすることを畏れ多いと感じて、お祭りするのにふさわしいお社を建立しようと思い立ったのは、第11代垂仁天皇です。しかし、在位中はまだ場所が定まらず、実現していません。

次の第12代景行天皇の在位が西暦71年～130年と長く続きました。その間に斎宮であった皇女の夢に天照大神が出てきて、都からは遠いけれど、伊勢の地は非常に豊かで落ち着くから、そこがよいと言われます。こうして在位中に伊勢神宮が建立されました。

そして、ローマ教皇2世、聖リノは西暦68年～79年の在位です。ローマ教皇の在位期間は景行天皇の治世にほぼ含まれます。おそらくこの間にローマからわざわざ小舟に乗って、お供も連れずにはるばる命がけの長旅をして日本まで来たのでしょう。

ということは、この時代に日本の情報などローマに流れるはずもなく、どう考えてみても、陰にETの力がなければ成立しないことです。そして、この状況は、かなり秘密裏に行われたこともうかがえます。それなのに、なぜブラジルの教科書には載っていたのでしょう？　それも謎です。ブラジルは、ご存じの通りキリスト教国家で、敬虔《けいけん》なクリスチャンが多い国です。ですから、先ほどのおばあさんは、純粋に疑問を抱いたのでしょう。

しかし、それを聞いた私には、すぐに予想がついたというのも、あまり嬉しいことではありません。一神教的な概念には馴染めない日本人＝エアの子孫たちを支配下におさめるために、エンリルが天照大神を利用しようとしたに違いないと考えたからです。

そして、歴史を振り返るとその通りになっているではありませんか。伊勢神宮がパワーを持つことで、天皇のパワーがますます強くなります。そして、見事に中央集権体制ができていきます。お伊勢さん参りをするために、もしくは、斎宮という天照大神の使者が全国をめぐることで、交通整備がなされ、斎宮という目に見える神の代理に皆の意識が集中するようにしました。そして、人々が交流することで、情報網ができあがります。

布教で日本人洗脳大作戦

このようにして、日本は整備された中央集権体制が敷かれました。しかし、天皇家にも何度も波乱が訪れます。そこで、新しい国家としての道を作るために、エンリルは、今度は織田信長を利用しました。

実は私の母方の祖父は黒住教という宗教の四天王と言われた一人でした。その祖父はサイキックでした。私が幼いころ、中秋の名月を祖父の家で二人で眺めていました。

私がふと月を見ながら、「でもねーあの月は偽物だからねー」と言うと、祖父は目を丸くして私の顔をのぞき込み、大真面目な顔をして、「なぜそのことを知っているの？」

と言いました。祖父は私にとって地球での唯一の理解者とも言える存在でした。

その祖父から、日本の信仰は何度も破壊されてきたという話を聞いていました。


さて、野心家の信長は、天下人となると、一気に領土を広げようとします。海外との貿易によって、武器を入手する代わりに、キリスト教の普及を認めてしまいました。

エンリルはどんなにこの時を楽しみに待っていたのかと思うと、本当にぞっとします。キリスト教＝エンリルの魔の手ですから、これを機に日本人洗脳大作戦が展開されることになります。


これは余談ですが、実は私はまともに一冊の本を読めたことがほとんどありません。かつてダライ・ラマに勧めていただいた本さえ、3行で眠ってしまいます。それでも、タイトルにピンとくると、つい購入してしまう癖があります。ですから、おおよそ読書というものには縁がない私ですが、一冊また面白いタイトルの本を見つけて購入してしまいました。

『バチカンの狂気』（ジェイソン・モーガン／ビジネス社）というタイトルです。まったく同感！

と思ってついつい購入したのですが、パラパラと中身をめくってみると、すべての内容はしっかりと根拠のある内容で、私の書くこととはわけが違い、地に足がついた内容です。

そして、知らない人からすれば、根拠が明確であるがゆえにとてつもない衝撃を受けるでしょう。

しかし、バチカンはエンリルの本拠地ですから、当然と言えば当然です。世界中の敬虔な信者の方を、私は否定する気はまったくありません。この書籍の著者自身も、非常に敬虔なクリスチャンだと強く主張しています。だからこそ許せないとも語っています。

もし、皆さんが真実を受け入れる勇気があるのであれば、ぜひ読んでいただきたい本の一冊です。そして、これは皆さんが信じてきた現実社会の一端に過ぎないことも覚えておいていただきたいと思うのです。

どうして光秀は信長を討ったのか

さて、話を元に戻しましょう。当時日本の玄関だったのは長崎です。ここではもちろんキリスト教の普及活動が盛んに行われていました。そして、世界は大航海時代ですから、多くの船が行き来します。

そして、世界の情報も信長の耳に入ります。もちろん、それはエンリルの作戦があってのことですからすべてが真実の情報だったと思うべきではないでしょう。エンリルは、信長の野心とコンプレックスをうまく利用しました。そして、朝鮮半島への出兵を進めるように仕向けます。そのための武器を大量に売りつける目的もあり、また、日本人の根幹にある尊い精神性をむしばむために、キリスト教をどんどん普及します。

このときすでにいずれは通貨を使って完全なる支配をしようと、目論んでいたに決まっています。というのも、バチカンは「お金」の総本山だからです。世界銀行も国際通貨基金も、エンリルが作った組織です。そして、バチカンはマネーロンダリングのための基地であり、銀行など比ではない黒いお金の宝庫です。

かつて、ダライ・ラマに言われたことがあります。「黒いお金は常に宗教を通して世界中から集まる」と。確かに寄付に税金はかからず、巨大宗教には国籍など関係なく世界中からお金が集まります。

信長は、武器欲しさに、キリスト教の普及を大いに歓迎しました。しかし、明智光秀は、その裏に何かがあることに気づいたのです。

信長と光秀の関係は、同性愛だと疑われるくらいの仲だったと伝えられています。信長は非常によく切れる人で、先を読む力も、戦略を立てる力も群を抜いて秀でたものがありました。それに共感できて、意見を言える能力があったのは光秀だけだったとも言われています。

しかし、唯一違うのは、信長はまったくリスクを考えずに無謀な挑戦をするタイプですが、光秀はきっちりとリスクを考えて思慮深く行動するタイプでした。

その光秀が謀反を起こすのはあり得ないことです。もし、当時のことを知っていたら、これは致し方なくやったことだと誰でも思うはずです。光秀には、おそらくエンリルの思惑が見えたのでしょう。このままでは日本がなくなってしまうということを察知した末の決断だったとしか思えません。

光秀は、自分の決意を徳川家康にすべて明かしていました。そして、家康は命をかけて国家を守ろうとする光秀の意志を継いで、徳川幕府を立てたと同時に鎖国しました。

明治維新の表と裏

実は、長崎では大変なことがたくさん起きていました。当時の船は、ほとんど人力でした。ですから、日本に来るときには、スペインやポルトガルから奴隷が船を漕がされて来ますが、日本に着くころには、ほとんどの奴隷は死んでしまっています。

それと逆のことが復路では起きます。つまり、宣教師たちを乗せた船底に、人身売買された日本人が奴隷として詰め込まれ、死ぬまで船を漕がされるわけです。この実態に気づいた豊臣秀吉は、抗議の手紙をポルトガルに送り、長崎の警備を強化したそうです。

こんなことが起きている船に平然と乗って来られる宣教師たちは、まさに「狂気」としか思えないのは、私だけでないはずです。

その後の日本は、江戸幕府によってせっかく鎖国体制を敷かれたにもかかわらず、口の悪い私流の言葉で言えば、薩長の何も知らない若造どもが、インテリぶって、すっかりそそのかされたために、明治維新など起こしてくれたわけです。

そのために、一見近代化が進んだように見えますが、実はその裏でしっかりとエンリルの見えない蜘蛛の巣にかかってしまって、今日までその状況は何も改善されていません。

改善どころか、ますます深みにはまり、今日本国家は絶賛解体中、日本人も絶滅危惧種になっています。

受け継がれた九龍のスピリット

封印されてきた日本人の特徴

いったいいつから日本人の精神や心が変わってきたのでしょう？　今となっては、元の日本人の本質がわからないので、いつからと言われてもまったく見当がつかないと言われそうです。

ですが、絶滅危惧種に追い込まれるほど、彼らが脅威とみなす要素を私たちが持っていることだけは確かです。しかし、今までアングロサクソンが白人至上主義を唱えてきたように、選民思想に走るような性質のものではありません。

ですから、どんなに悪質な手を使って洗脳されても、基本的に本質はその人に潜在しています。そして、私たちに備わった本質は、タイミングが来なければ発揮することはできません。

大切に封印されて、守られてきた特徴的な力があるということです。例えて言うならば、それは一つのパズルのピースのようなものです。それぞれの種族には、それぞれの役割があります。それはパズルのように、マオリ族の人たちは、あくまでもニュージーランドでこそその力を発揮します。ニュージーランドという地球の一部分が持つ力をどのように現実世界で表現するかを知っている人たちだと言えます。

それと同様に、日本人というパズルのピースは、日本という、地球にとって、創造の中心となる大切な役割を果たす部分にはめられるべきものだということです。

創造の中心と表現しましたが、日本は細胞にとっての細胞核であり、細胞核の中のDNAにうまくスイッチを入れる役割をするのが日本人という表現もできるかもしれません。

この世界は、らせん状に回転する運動によって成立しています。それは、細かく見ていくとたくさんの周期が現れます。しかし、今は本当に大きな波のうねりの中で反対方向に波が引き返すような状態です。

ですから、たわみができたり、あちこちから抵抗を感じたり、摩擦を感じたりすることが多くのなるのも当然です。しかし、ここで私たちが何かを頑張る必要はありません。むしろ、頑張ってきたことをやめたときに、本来の日本人らしい気質が現れるはずです。

自分の中にいる神に従って生きよう

日本人は、本当に素直で柔軟性があります。もちろん個人的には頑固な人もたくさんいるでしょう。それでも種族としては、素直ですから、他者に対して、あるいは他国に対して強い意志を表現することはめったにしません。しかし、一度地球がスイッチを入れると、日本人に受け継がれた九龍のスピリットは、テラの意志によって、どんな役割も果たすことができる性質を持っています。

あえて言うならば、日本人は色を持たない人種かもしれません。それは、スサノオから代々受け継いできた教えに基づくものです。

ここで起きるすべての出来事は必然であるのだから、目の前の出来事を受け入れ、自分の内在神とテラが決めたことに素直に従って生きれば、苦しいことは何もないという教えを素直に実行できるのが日本人の本来の資質です。

しかし、今の日本人は、敗戦後の加害者意識に捕らわれて、本来あるべき誇りを失っています。これは、テラにとって大きな損失です。自責の念は、人の心を歪ませて、深いコンプレックスから自分自身を傷つけます。そのために、日本人の多くが過剰に働き、自己犠牲を払い、人のために尽くすことで何かを償おうとしているようにも思えます。そこをとことん利用してきたのがＤＳ（ディープ・ステート）です。しかし、それさえも必然と捉えられるのが、私たち日本人の気質です。

これまでのことを咎《とが》めてしまうと、負のスパイラルから永遠に抜け出ることができなくなります。これまでの社会がどんなでも、これまでの自分がどんなだったとしても、一度すべてを受け入れましょう。そして、そんな自分の過去を祝福してください。

もちろん他者のために役立つことも、喜ばせることもとても素敵なことです。でも、そのために自己犠牲を払う必要はありません。それでは自分自身に内在する神の声を聴くことができなくなってしまいます。これは自分自身への裏切りです。

本来私たちは、他者のためではなく、自分自身の内なる神の意志に従って生きることによって、初めて他者の役に立てるようにできています。

今ヨーロッパでは大規模な暴動やストライキが起きています。これは、それぞれの民族の在り方や、国家の在り方を次のフェーズにシフトさせるための清算です。

日本ではそのような活動をほとんど見ることがないのは、それをテラは今望んでいないからです。ヨーロッパの役割と私たちの役割は真逆です。ロンドンを中心としたアングロサクソンの文明は崩壊に向かっています。これに対して日本は、始めるエネルギーがますます激しく活性化しています。それに伴い、おのずとそれぞれの役割が明確になります。

それまでに、私たちはエゴを浄化して心を穏やかに保てるようにしておくことが先決です。

V

地球の進化と日本人

次元上昇とは何を意味するのか

進化を進めたいETと食い止めたいETの対立

地球人類は少し前まで、本気で地球以外に知的生命体は存在しないと信じさせられていました。今思えば本当に冗談のようなことです。

アメリカ合衆国NASAは2022年6月9日、UAP（Unidentified Aerial Phenomena）未確認飛行現象の研究を開始すると発表しました。これは名目上国家安全保障と航空安全の重要課題とされています。つまり、公に未確認な物体が飛行していることを認めたということになります。

このようなことは、ほとんどの一般市民が気づかないうちに着々と進んでいます。今私自身は、ディスクロージャー（情報公開）の時が近いことを切実に感じています。現に銀河連合は、皆さんと一刻も早く正式な形でコミュニケーションが開始できることを、非常に強く望んでいるようです。

その理由は、宇宙情勢も今は非常に混沌としているので、地球の支配権を握り、今の社会構造や社会の仕組みの基礎を築いたのは、残念なことに、エンリルを筆頭に、凶暴で意地悪く陰湿なETたちであることに気づいて、地球や地球の生き物たち、そして地球人類を大切に思うETたちとのリレーションシップを取り戻したいからです。

こうしてETたちが、地球や地球人たちの所有権を奪い合ってきた本当の理由は、そもそも「進化」というプロセスにおいて、何らかの抵抗や不安を感じている者たちと、促進したい者たちの対立からきているように思えます。

テラや私たち地球人類に対して、真にそのポテンシャルを期待して、宇宙の一員として、進化のために活躍してほしいと望む、清々《すがすが》しい心を持つETたちも、もちろんたくさん存在しています。

しかし、その反対にいつまでも奪い合いゲームに励んでいたいタイプのETたちが、何とかそれを食い止めようとしています。それでも私たちが忘れてはならないのは、それでも彼らも進化を望んでいるということです。なぜなら進化はすべての生きとし生ける生命たちの切望だからです。皆さんは何も知らされることなく、彼らの戦いにただただわけもわからず巻き込まれてきました。しかし、その状況はやがて終息するでしょう。なぜなら、進化とは誰にも止めることができない自然の摂理だからです。ここで改めて「進化」ということについてもう少し詳しく説明しましょう。

次元上昇するか、それとも次元間移行で行くか

私たちの周囲の世界は、常に規則的なスパイラル状のスピン運動をしています。そのスピンには周期があり、長いものも短いものもあります。

今私たちが経験しようとしているいわゆる「進化」は、これらの周期の中で最も長いものが一つのサイクルを終えて、新たな周期に入ることを示しています。この、最も長い周期は、一つの宇宙を創造してから終焉させて、新たな次元を創造し始めるという壮大な進化です。これには次元上昇が伴うことになります。

この「次元」という言葉の意味が皆さんの認識と、標準的な宇宙の概念とに差があるので、私はいつも言葉を選ぶのに戸惑います。皆さんは周波数が高い世界を高次元という呼び方をしているようですが、宇宙ではそれは「密度」と言います。したがって密度

が高い世界は周波数が高くなります。

そして、次元の差は世界の差で、並行宇宙を指します。ですから、次元上昇するということは、一度ワームホールを通過して、新たな世界を創造することを意味しています。それがどれだけの規模で起きるかによって、今までの世界と次の世界との差は変わってきます。今回は少なくとも銀河全体がホールに入ることを想定していますが、その場合はこの銀河に関わってきた者たちすべてが、一気にホールを通過する必要があります。

もし、それができずに何かを排除する形になれば、ホールを抜けた先の世界は、あまり密度の差がない世界となってしまう可能性が高くなります。

ですから、もう一つのやり方として、次元間移行というやり方があります。それはすでに進化を遂げている世界に銀河まるごと吸収されるというやり方です。このやり方のほうが、移行するこちらの銀河にとってはリスクが少ないのですが、移行した先の状況には大きな影響を与えることになります。

この銀河の今の状況は、すべてがそろってホールを通過することが難しい状況になっています。しかし、それができることが最も理想的なやり方ですから、私の属する並行宇宙では、それを目指して協力することを提案しました。

実は先日、5月18日から19日の2日間にわたって、私と私の仲間の一人は、初めて銀河連合からの招待を受けて、話し合いをしました。1日目は妨害が入ったので中断しました。その経験をもとに、連合側でも、私たちも万全を期したおかげで、2日目は非常に良い状態で先方の二人の代表者と話し合いを進めることができました。

私が属している並行宇宙は、先進宇宙文明と言われています。そして、今皆さんが経験しているような進化のプロセスを経験してきました。ですから、連合側の代表者からはいくつか質問を受け、それに応える形で話が進んでいきました。

このときに私たち側は、できるだけ技術的な面でも協力させてもらうので、必要なことは何でもリクエストしてくれるように申し出をしました。

その内容の一部を後ほど掲載しておきましょう。

あなたがいるこの宇宙の状況を知っておこう

しかし、どうしてもホールを通過することが無理な状況になった場合には、私たちの宇宙は歓迎する旨もすでに伝えています。しかし、あくまでもこれは保険として考えてほしいということも伝えました。

私はこのための使者としてやってきた保険のおばさんのようなものですね。しかし、皆さんと同じようにある意味蚊帳《かや》の外である地球上に地球人として生きてきました。ですから、この宇宙の状況は、正直なところよくわかっていなかったということに、今回改めて気づきました。そして、皆さんは私以上に知るチャンスを与えられていませんね。

少し言い訳をさせていただくと、この世界と私自身が共振してしまうことは、私がここに埋もれてしまうことを意味します。それでは私の役割を果たすことができなくなってしまうので、今までここにひっそりと潜伏していました。

しかし、私の仲間からこの世界の銀河連合が今までにない動きをしていることを報告されました。あまりにも性急な動きや、やや強引とも言えるやり方に、私はちょっとついていけずに戸惑い、いろいろな意味で驚いています。

私と私の仲間たちは今、少なからず皆さんがこの地球における主導権を持つためにも、今皆さんがおかれている状況を知る機会を持つことではないかと思っています。

しかし、銀河連合は皆さんのことを何より思ってくれているはずですから、私の一存で何かを決めることは、当然できません。この本が出版される前に、できるだけこの宇宙の知恵ある存在とも相談しながら、皆さんにお伝えできることを願っています。

この次元の銀河連合との話し合い

ここに記載するのは、銀河連合との話し合いで交わされた内容の一部です。

5月18日

連合　あなたはかつてアインソフメンバーだったことを知りました。なぜアインソフは解散することができたのか？

私　（並行宇宙である私たちの宇宙で）パンデミックが起きたときに、ウイルスが私たちに戦いを放棄するチャンスを与えてくれた。私たちは、ウイルスと戦えば終わりのない戦いとなることを予想して、抗体となるものを作らなかった。

そのとき、私たちアインソフの役割はほぼ終わりになった。

※アインソフ議会は、今のこの宇宙の銀河連合のような役割をしていて、武力行使をすることができる、地球で例えるなら、警察のようなものですが、宇宙全体の政治的な調和を図る役割もしていました。

5月19日

連合　地球の所有権を維持してきたアヌンナキやドラコニアンたちやレプティリアン種のいくつかにも、今回の話し合いを聞いてもらっている（先日の私の提案）。なぜこちらの世界にあなたがいるのか？

私　今回の次元上昇をサポートしたいから。いずれの方法になったとしても、私たちは協力したい。

連合　あなたは私たちのやり方に疑問を持っているようだけれど、それはなぜか？

私　今回の強硬手段（連合は突然地球からDSを構成しているETたちを追放し、エンリルを銀河系から追放した）をとったのはなぜなのか？　そこに疑問を感じている。

連合　強いインパクトを与えるような動きがなければ停滞しそうだと感じたから、このような手段を使った。

あなた方の文明について調べたところ、あなた方は、対話という方法だけでここまで進化したようだが、それには非常に長い時間と労力がさかれ、高い技術も必要になった。それでもその道を選択したのはなぜか？

私たちは今までのテクノロジーに胡坐《あぐら》をかきすぎて進化を止めてしまったのか

もしれない。

ぜひあなたからの意見を聞きたい。

私　私たちは確かに対話の力だけで、ここまで調和した世界を築いてきた。

それには、とても高い技術が必要だった。言語を持たない種族もいるため、相手の意志やあらゆる思考形態を互いに理解するための新しいテクノロジーを次々開発していった。

まず、対立し合っている種族間で、安全に対話できる環境を作ってほしい。そこでの話し合いの内容はこの世界のすべての存在が見聞できる権利を持つ必要がある。

今日の話し合いのようにすべてをオープンにしてほしい。

まずは、戦いのない世界を望む者と、そうでない者に分けて話をよく聞き合うことが必要。

このような感じで話し合いが続きました。

今この世界は明らかに大きく変化する動きが始まり、しかもすべては加速しています。

今、地球に急激に何が起きているのか

気づかないうちにディープ・ステートに加担していないか

さて、先ほど私は皆さんが蚊帳の外だという表現をしましたが、実のところ、宇宙で起きていることはまさに「上の如く下も然り」で、地球にも同じことが起きています。

つまり、今まで地球に起きてきた信じがたい事実や、今起きている真実を受け入れて、より良い未来のために行動し始める人と、少しでも不安を感じるような事実と直面することを避けて、進化のために活動している人たちを批判して、現状を何とか維持しようとする人たちが、対立構造になっているということです。

後者の人たちは、自分でも気づかないうちにDS（ディープ・ステート）に加担しています。もちろん悪気などありません。ですから、事実に気づくことなく、地球社会の進化や、

地球人たちの種としての進化に抵抗しているのは、とても心が痛みます。

私が皆さんにお伝えしたいのは、二元性の世界から悪がなくなることはないということです。どんなに悪気がなかったとしても、二元性の世界には、常に悪役を担う人が存在し続けます。

ですから、もし私たちが「悪」だと思う何かを排除しても、永遠にまた他の「悪」が現れます。

このことは、私も、私の宇宙の仲間たちも、そして、今共に地球人として生きている、私のもう一つの大切な仲間である皆さんも、決して忘れてはならない大切なことなのです。

私たちの目指すやり方は、常に相手を撲滅させるのではなく、相手の意志を考え、時にはじっくり時間をかけて、調和する方向に向かわせようとすることです。なぜなら今宇宙のスパイラル運動は正反対の方向に向きを変えて、一元的な世界へと向かい始めたところで、それはすべてが統合していくことを意味しています。

統合には調和が必要です。だからと言って調和しようとしない者を排除するというやり方も得策ではありません。

エンリルたちの追放と残された問題

2022年11月あたりから、急速に銀河連合の動きに変化が起き始め、さらに翌年4月に入ってからは、強行突破作戦がよく見られるようになってきています。

具体的に言うと、銀河連合はエンリルから完全に地球における権利をはく奪、それ以外のすべての権利もはく奪して銀河から追放しました。そして、私たちが住むこの太陽系は、今までアヌンナキの領土として支配権を認められていましたが、それも認めないとされています。

このままの流れだと、この宇宙に存在し、地球におけるナチズムを先導してきた組織、つまり特定の種族が特権を維持して、それ以外の種族を撲滅しようとするようなナチ組織も、同様の措置を受ける可能性が高くなっています。

さらに、地球に残っていたオリオン系のレプティリアンたちを強制的に退去させました。つまりDSを組織していたETたちはすべて地球から去ることになりました。

もちろん地球人の力だけで、このような悪質なETたちを排除することは、可能性としてはないに等しいことでしたから、いずれは誰かがやらなければならないことだったでしょう。

しかし、これを単純に喜んではいられません。邪悪なＥＴによって洗脳を受け、たくさんのチップを埋め込まれて、支配されてきたような地球人たちが、またここにたくさん残されていますから。彼らはもちろん、元は私たちと同じ人間ですが、残念ながら、彼らの肉体やエネルギーフィールドは、いたるところを破壊されていて、本来の地球人としての機能を果たすことができなくなっています。

ですから、宇宙から来た非情で残忍なＥＴたちと同じように私たちを扱おうとしています。しかも、そのような人間は巨万の富を握り、大きな影響力を持っているわけですから、今後私たちが彼らをどうするかを直近で突きつけられているような状態です。

また、退去させられたＥＴたちが残していったクローンもたくさん存在しています。クローンたちは社会の中に放たれ、人間に成りすましていますから、これらのクローンを見つけ出して処分することも大変難しい、骨の折れることです。

そして、強制的に退去させられたＥＴたちは、おめおめと引き下がるようなタイプではありませんから、必ず何らかの形で報復するでしょう。それがどのくらいの間続くのか、それに対して地球側はどう対処すればよいのか、など、問題はまだ残っています。もう一つの最大の問題は、エンリルをこの銀河から追放してしまったことです。エンリルは大変な支配力を持って長い間宇宙にたくさんの問題を起こしてきたので、そうした決断をしたことに対して、私が意見することではありません。

ただ、起きたことの意味は変えられないので、今ここで銀河連合の許可のうえで、皆さんにもお伝えすることにします。

それは、この追放によって、進化の一つの可能性がほぼ絶たれた状態だということです。もし何らかの理由で、もしくは方法でエンリルの帰還を受け入れることになれば話は別ですが、この状態では難しいでしょう。

どうして銀河連合はこうも性急なのだろう

このような銀河連合の性急な動きの一つの理由は、私の属する並行宇宙からのアプローチに応えようとして、少し焦燥感を持っているのかもしれません。

また他の理由としては、今回のような大規模な変化を、この次元の宇宙はまだ経験したことがないために、データ上の時間の計算と、活動や行動配分の計算が一致しないのかもしれません。

とにかく、先述の通り、私の属する並行宇宙は今、最大限のサポートをすることを申し出ています。


このような状況を唐突に伝えられても、皆さんにとっては何だか釈然としない感覚があることでしょう。

今皆さんが属しているこの宇宙には、たくさんの軍隊があります。銀河連合はその中でも最強な軍事力を誇っています。その軍事力を頻繁に行使しなければ、この銀河を治めることは困難な状況です。

私がこの本を書くにあたって、今まで地球と宇宙の間の架け橋役を担ってきたある一人の方に、「くれぐれも注意してください。神様たちは戦争ばかりしていますから」と、アドバイスをいただきました。本当にその通りなのです。

実際、先述した通り、かなりの調査をしたり、根気強く文章にして書いたりする作業をした翌日にその部分をすべて消去されるという出来事が起きました。これには本当に衝撃を受けました。

また、少ない睡眠をずっと妨害され、それに耐えるために歯を食いしばるので、歯や顎に怪我を負わされたりしています。

銀河連合の一部の存在たちは、このようなことに気づいてくれているので、少しでも協力してくれようとしているのも、本当にありがたいことではありますが、正直なところ不安要素がぬぐえません。武力を振りかざすようなやり方は得策ではないからです。


武力に頼る文明は長くは続かず、この先に大きな代償を残すことになってしまうからです。そして、宇宙はすべてが非常に秩序だった世界で、どんな狂いも生じません。混沌と感じるのは、まだその裏にある規則性を見つけることができないからなのです。

今この銀河の状態はまさにカオスです。そして、物事の根本的な解決のためには、この規則性を見つけて、正しい秩序に基づく調和を図るしかありません。

「悪」は排除されればいいのか

皆さんは、おそらく一刻も早く、長い間地球人類を苦しめてきたエンリルや、その他のET種族たちに消えてほしいと望んできたことでしょう。もちろん私もその一人です。

しかし、ライオンに他の動物を食べてはいけないと言っても無駄です。彼らのしていることは、それと同等です。ですから、彼らが種としての大きな変化と変容を希望しない限り、共存することは難しいです。

でも、地球ではライオンを排除するようなことは、普通の地球人なら誰もしません。これは、長い時間をかけてテラが地球人の無意識の領域を教育したからなのです。一部の心無い行為をする地球人たちは、先述したような邪悪なETたちによって壊されてしまった人たちかもしれません。


私たち地球人は、エアが作ってくれた優れたDNA以外にも、他のETたちから受け継いだ情報を保有している人がほとんどです。それは次々に地球に降りてきた他の種族のETたちが、いい意味でも、そうでなくても、自分の都合に合うように遺伝子を組み換えた痕跡です。

ですから、一人ひとり肌の色も、髪の色も、瞳の色も違うように、それぞれが違ったDNAのミックスです。

そのために、地球人の中にも信じられないような残忍な人も確かにいます。しかし、もし、地球人ホモ・サピエンス・サピエンスが、自ら自分のポテンシャルに気づき、その力を全開状態にしたら、他にかなう種族など存在しません。ですから、焦らなくてもタイミングから外れることは今のところありません。

そして、どんな残忍な種族も皆さん以上に最強な種はいませんから、何も恐れることなどありません。むしろ、その強い皆さんがどこまで慈悲深くいられるかということのほうが重要です。

慈悲深くいるための方法は、先ほどお伝えした通り、物事の根底にあって、この宇宙の森羅万象を支える規則性を見つけることしかありません。

日本人からすべてが始まる

二度と近寄りたくない家

パズルのピースの話をしましたが、私たちはどんなにあこがれを抱く、国や都市があったとしても、必ずしもそこに住むことができるわけではありません。「何かの縁」というような言葉を日本人は使いますが、まさにそれは目に見えない力によって引き寄せられるようにして、住むべき場所へと導かれていきます。

それは、それぞれのパズルのピースには、決められた場所があり、そこにはめられなければ、何の役割も果たすことができないこととまったく同じです。

もちろん、そこに住めば必ず良いことばかり起きるとは限りません。私自身夫を亡くすまではかなりの引っ越し魔でした。引っ越しをするたびに、やはり目に見えないご縁というものを感じます。

どんなにこの街は素敵だとか、こんな家がよいと思っても、縁がなければ決まらないという感覚があります。また、逆の場合もあります。

私は、かつて住んだ家で非常に危険な目に合ったことがあります。そこはオリオン系の種族が人体実験をしているようなところでした。しかし、山手線の駅近でありながら、都会の真ん中とは思えないようなお屋敷町でした。そんなところでこんな実験が行われているなどと想像できるでしょうか。私は驚愕しました。

その家は、私にとっては陰気臭い妖気が漂うような家でした。そして、最初から嫌な予感通り、おかしなことがたくさん起こりました。

まさに私の家に引き込む電話線だけが切断されるという事件が2度も起きました。工事に来てくれた人に、こんなことが起きるのは初めてだと言われてから、ほんの1週間後くらいに、また同じことが起きました。他にも挙げれば細かいことはたくさんあったので、そのあたり一帯に何かがあると思い、リモートビューイングしてみると、その町の地下に3つの見たこともない大きな機械が埋まっていて、そこから人の意識をコントロールする実験が行われていることに気づきました。

私はサイババに救われた

ちょうどそのとき、ダライ・ラマが住むインドのアシュラムにいるウクライナ人から連絡が来ました。今すぐにダライ・ラマがあなたに写真を送ってほしいと言っているというのです。私はその人のことはまったく知りませんでしたから、一瞬警戒したのですが、直感的に私に非常に大きな危険が迫っていることにダライ・ラマが気づいたのだと理解しました。

その後、すぐにウクライナ人から再度家の周囲の写真と、家族全員の写真も送るようにと言われます。そのときダライ・ラマのもとには、今まで全員が集合することは一度もなかったと言われる、とてつもない能力を持ったマスターたちが一堂に会していたところだったそうです。

そのときダライ・ラマに言われた言葉は、「霊的な高みに昇れば昇るほど、人生は困難になるものです」でした。しかし、私はすぐにその言葉を受け入れる勇気も余裕もありませんでした。

その後事態は一層深刻になります。私を見つけたレプティリアンたちは、さっそく私を拉致しようとしましたが、幸い失敗に終わります。そして、私のフィールドにおびただしい量のインプラントを挿入しました。これをダライ・ラマのもとにいたマスターたちが24時間観察し続け、すべてを取り除いても、2時間後にはすべてが元に戻されていると報告を受けました。

そして、私は初めてサティア・サイババというマスターに出会います。これは一生忘れることのできない貴重な体験でした。２０１０年11月16日、とうとう私の前に現れたレプティリアンたちに虐待を受けているところを、サイババに救われたのです。

そのときサイババは「あなたはもっと自分が何者であるかを自覚しなさい」と優しくも厳しくおっしゃいました。

確かにそのころ、私はまだ自分という存在に大いに不信感を抱いていました。こんな私ごときが、大した仕事なんかできるはずがない、私が自分に対して思ってきたことは、すべて私の傲慢な妄想に過ぎないのではないかと、どこかで思っていました。

それは、自分の実力不足に対する自信のなさからくる部分もありましたが、それ以上に、この先の役割の困難さに対して圧倒されていた部分があったと思います。

その家も地域も、確かに私にとっては二度と近寄りたくないと思うような場所ですが、それでもそのときの私というピースがはまる場所はそこしかなかったことは理解できます。そこで起きたすべてのことは、生涯の大きな教訓となり、私の中で今も生き続ける大切な知恵を育んでくれた場所だからです。

日本人の魂はテラが選んだ勇者

このように、人はあえて困難を承知ではまる場所もあります。しかし、それも含めてすべてはその人の魂が最大限生かされるために必要な経験を促し、必要な力を引き出してくれる場所なのです。

その意味で、今回日本という場所を選んで生まれてきた皆さんの魂は、自分勝手に選んだわけではありません。テラが選んだ勇者でもあります。

ですから、皆さんの魂は、この地に生まれてきたことで、かえって大きな困難を経験するかもしれませんが、その経験こそが皆さんの魂に潜在する大きなポテンシャルを引き出してくれるはずです。

さて、日本の国土は、世界の雛形だとお伝えしてきました。日本で起きることは、世界でも起きることです。それは、日本の国土がある場所が、地球にとって創造を促す場となったからです。私たちの肉体には臓器が配置されていて、それぞれに機能を持って作用してくれています。それと同様に、地球にもそれぞれの場所にそれぞれの機能が備わっていて、それは正確に機能してきました。そして、地球の場合はその機能を果たす場所が定期的に変化します。

そして、ちょうど今その変化が起きたところです。したがって今後は今までパワーを持っていた場所が停滞期に入り、今まで追随する側にいた地域や、もしくは停滞していた地域が活性化します。

その中で日本の場所は世界の中心として、創造のエネルギーが満ち、ここからすべてが始まることになります。ですから、そこに住む私たちの意識こそが進化の鍵となるのです。

創造は私たちの意識の作用が、そのまま鏡のように現実に現れるものですから、日本人が何を思い、何を考えるかによって、現実的に世界の状況は変わります。ですから、日本人は一歩先んじた新しい概念や価値観を持ってすべてを思考する必要があります。

今後の「進化」に向けて心得ておきたいこと

起きたことに反応し続けるばかりだと……

さて、進化はどんな時代にあっても徐々に起きることはありません。もちろん、ずっと以前から前兆として起きる様々な出来事はあります。でも、実際の進化は突然に飛躍的に起きるものです。その意味では、先述の銀河連合の判断と素早い動きは、判断さえ的確であれば、進化の象徴となる動きとも言えます。今回の出来事の後、私は一度もケムトレイル（有害な化学物質が航空機から散布された飛行機雲。DSによる人口削減計画の一環とされている）を見ていません。

水面下だけではなく、銀河連合の思い切った行動のおかげで、人間社会的にも確実に変化したことを実感できることが、皆さんの周囲でも見つけられるのではないでしょうか。

ともあれ、今回の出来事は大きな突破口となった出来事でした。

しかし、問題はこれからです。この地球社会のほとんどの人間は、目の前で展開されている現実に反応して生きてきました。しかも、目の前で直接自分に影響するようになって初めて反応するくらい、あらゆる感覚、感性が鈍っています。しかし、今スピンは逆回転に入りました。ですから、今後はすでに起きたこと、つまり過去に対して反応するのではなく、常に新しい可能性を創造するという、今から未来へという循環になります。

少し解説を加えると、目の前で起きている現実は、過去の自分の思考の現れですから、今見ている現実はいわば過去の自分の内面です。その自分に反応するような行動や言動を繰り返していると、過去の繰り返しから抜け出ることができなくなります。

ですから、地球ではもうかれこれ19万年ほどもの間、大きな変化が起きていなかったのです。

しかし、これも必然ですから、そのことがわかっていれば問題ありません。でも、わからないままでいると、この先の大きな変化に戸惑い、非常に混乱することになるでしょう。

今を変える、そして新しい未来を作る

今後の流れの参考にしていただけることを願って、かつて私たちの宇宙が経験した「進化」と「次元上昇」について、シェアさせていただくことにしましょう。

私が属する次元（並行宇宙）における宇宙の歴史は、確かに途中までは、この宇宙と同じでした。そして、他の多くの異次元宇宙ともかなり似た過去を経験してきました。

しかし、あるとき突然起きた、ウイルスによる強烈なパンデミックを境に、私たちは他の世界と分岐し、違った道を選択し始めたのです。そのために、多くの過去も変わりました。

ここでもう一度おさらいします。常に「未来＝今＝過去」という関係が成立しています。ですから、今が変わることで、未来の可能性も、過去も変わります。

さて、宇宙における私の専門は、地球の分野にはなかなか当てはまるものがないのですが、人に聞かれたときには「政治」だとお答えすることにしています。

なぜなら、社会が向かう方向を決め、それによって、常に皆が快適に、それぞれの専門とする探求をし続けることができるように、社会の仕組みや構造を発案し、改善するからです。

実際やっていることは、地球の政治家たちとはまったく違います。誰かと議論することはまずありません。国会答弁のように、他の議員たちが不信感を持って質問したりする場面も、それに対してやる気のない曖昧な返事を返したりすることも、当然あり得ません。そもそも国会がありませんから。

私が毎日行うのは、ほとんどがデータ解析と時間の形成です。このテクノロジーは、地球でも、他の宇宙文明でも、私たちに追いつこうとしていますが、それは簡単ではありません。

ほんの一つの瞬間をもし変えたとしたら、それだけでもかなり広範囲にわたって影響があります。まして、一つの出来事をなかったことにでもしようものなら、猛烈に多くの世界を巻き込んですべてに影響します。ですから、映画でよくあるように、自分にとって都合がよい「今」に変えるために、過去に戻って選択し直すということは、残念ながらファンタジーであって、私の属する宇宙社会にとっては、現実的ではないのです。

私はこれまで出版させていただいた書籍の中でも、私が属する宇宙の様子をできるだけ紹介してきました。でも、これはあくまでもそのときの様子です。私たちはそれぞれ別次元にある宇宙ですが、常に共振し合い、影響を与え合い、受け合ってもいます。ですから、皆さんがこのように大きく変化し始めた今、私の世界も大きく影響を受けて変化しています。

それでも、皆さんにとっては役立つことがあるはずです。これから皆さんが目指す世界は、ほとんど今の社会的概念の延長線上にはない世界だと思っていただくほうがよいでしょう。ですから、改革や改善というニュアンスを捨てるほうが、混乱は少なくて済むはずです。

パンデミックが引き起こした大きな変化

さて、私たちは、皆さんが今回経験した新型コロナのパンデミックをはるかに上回る驚異的なパンデミックを経験しました。それはある一つの銀河をまるごと飲み込むようなものでした。ウイルスというものは、皆さんが想像しているよりもずっと純粋で、しかも知的です。そして、この小さな意識たちは、皆さんにとって、量子物質と同じだと捉えると少しわかりやすいかもしれません。ですから、彼らにボーダーラインはありません。どんなに隔離しても突如そこに現れます。

私たちは、そのことを何度も何度も目撃してきました。そして私たちを飲み込んだ驚異的なスピードと威力は圧倒的でした。そのおかげで、私たちは簡単に、ウイルスとの戦いを放棄する決意ができたと思います。

皆さんも、今回のコロナ経験によって、同じ場所に、同じ条件でいても罹患する人と、罹患しない人がいることをはっきりと経験したと思います。ウイルスの感染には条件があります。その条件を満たしている人が罹患します。

並行宇宙で私たちが経験したウイルスは、無気力で無意識な状態に陥っている人たちに明確に広がりました。無意識な人は、抵抗力も免疫力も低下しますから、それは当然ですが、はじめはこの相関性に気づくことができませんでした。同じように免疫力が低い状態でも、感染しない人たちもたくさんいたからです。

私たちは、パンデミックの脅威にさらされながらも、多くの気づきがもたらされました。このウイルスが人工的に作られたかどうかは、問題ではありません。なぜなら、誰かが作ったにしても、自然発生したとしても、いずれにしてもこの現象は私たちにとって、不可欠な経験だとしか言えないからです。

そして、この状況を共に経験した多くの宇宙の異種族たちと、すぐに情報を共有し合う必要性を感じて、遠く離れた文明同士の交流のためのテクノロジーを早急に開発しました。

こうして、私たちは瞬く間に盛んに交流し、それを通して、一つの大きな文明としての成長が始まりました。

私たちは、簡潔な話し合いの結果、最終的にウイルスとの戦いを放棄することを決めました。ウイルスには悪意などありません。彼らのモチベーションはただ存在すべき条件が満たされたところに存在することです。ですから、私たちは罹患を避けたいのであれば、彼らが存在する条件を満たさなければよいわけです。

そのことがわかってから、私たちは、多くの人が陥っていた無気力状態の原因を調査して、シェアし合いました。この打開策を様々な種族が、それぞれユニークなアイディアをシェアしてくれるようになりました。もちろんこの話し合いをするには、すべての存在が参加することを可能にする必要があります。そのために、通信のテクノロジーを圧倒的に飛躍させる必要がありました。

このような変化は、気づくとすべての人たちの意識を活性化して、今まで亡霊のように生きてきた人たちも目を覚ましました。

様々な異なる立場で、異なる意見が出たとしても、かえってすべてが調和しやすくなることにも気づきました。私たちは、ウイルスと戦うことも、排除しようとすることもやめて、彼らが存在するところには不調和があるのだと理解するようになりました。

こうして私が属する宇宙は次元上昇した

私たちはそれまで、今のこの宇宙と同様に多くの戦争を経験していました。そのためにすっかり疲弊していました。ですから、満場一致で、相手はウイルスに限らず、これ以降は誰とも戦わないという結論に達しました。さっそくそのための方法を編み出す必要が出てきます。

まずは、猛烈にアグレッシブな種族たちとの話し合いの場が作られ、両者の安全が守られたうえで、よく話し合い、アグレッシブな種族の希望で遺伝子を変える試みがなされました。

はじめのうちは、施術を受けた者たちのフィールドや細胞に記憶が残っていたこともあり、非常に不安定で、その者の中に大きくエネルギー的な葛藤が生じて苦しみましたが、しばらくすると、その状態は収まり、別の生き物へと見事に変貌しました。

これらの出来事は、もちろん多くの異次元宇宙にも影響しています。ですから皆さんも今後は、テラと共にバイオロジー（生物学）の世界を探求するプロセスが与えられるかもしれません。私たちの世界で起きたこのような「統合」に向かう大きく激しく、そして素早い動きが次元上昇を促したのです。

さて、私たちが異次元間で共振し合うように、皆さんの個としての魂とテラは共振し合っています。そして、常にテラが進化の先導役です。テラの意識上にはすでに未来の設計図、つまりヴィジョンが用意されています。そして、そのヴィジョンは皆さんの魂にもすでに共有されています。

しかし、皆さんが、今までの社会で生きるうえで必要としてきた概念に固執していたり、自分の理想に固執している状態が続いたりすると、そのヴィジョンはなかなか認識できません。それでも、焦ることはありません。頑張る必要もまったくありません。ただ力を抜いてすべてを信頼することにフォーカスすればよいのです。

VI

新しい世界をどう創造していくか

神々の望み

拳を上げて戦うことの愚かさ

先ほどは、映画「アバター」の話をしましたが（210ページ）、多くの場合、あらゆるエンターテイメントは、プロパガンダのための手段として使われてきました。しかし、中には「アバター」のように、明らかに未来を予見させるようなものがあるのは、とても興味深いところです。

特に最近は映画ばかりでなく、アニメやドラマも実際に宇宙で起きてきたことを描いたものや、今まで多くの人が知らない間に地球上で起きてきたことなどが題材になっていることにも意味があるはずです。

これらのことは、すでに新しい時代が到来していることを示していると同時に、やはり私たちをあるべきではない過去の方向へと向かわせようとするプロパガンダであるという見方もできます。

今日本の政治も非常に危険な方向へと向かっているように見えます。政府は相変わらずアメリカのポチを続けています。そして、明らかに国民を窮地に立たせる方向へと推進しようとしています。

しかし、この動きに拳を上げて戦うことは、やはり過去に意識をフォーカスさせていることに過ぎません。つまり、このような動きに対して、ヒステリックにデモを行ったり、ストライキを行ったり、大規模な集会を行ったりする行為は、過去へ過去へと自分たちをつなぎ止め、その延長線上に未来を固定化してしまう行為であることをぜひ皆さんに知ってもらいたいと神々が私に強く伝えてくれました。

起きていることを知ることは重要です、しかし、それに対して感情的に反応したり、抵抗したり、反発したりすることは、自然界のリズムに抵抗することと同じです。打ち寄せる大きな波に抵抗したところで打ち砕かれるだけです。

しかし、この波はやがてあなたを超えて後ろに流れていき、そして消えていく宿命なのです。

「あなたがたがやるべきことは、意識を「今」にフォーカスさせて、テラのヴィジョンとつながり続けることだ」と神たちは言います。

確かに、今起きていることは私たちを窮地に立たせるようなことばかりです。しかし、これに対抗する活動は、実は私たちをさらなる危険に追い込むような行為です。私たちの意識と肉体の中で起きることは、周囲の状況よりもずっと重要です。周囲の状況は、あくまでも過去の私たちの意識と体内のエネルギー状態を投影しているに過ぎません。ここに騙されると、この状況がいつまでも繰り返されるだけです。

私たちは政府のやり方に憤りを感じ、これに反対する運動をするとき、私たちのヒューマンエネルギーフィールドでは、美しいエネルギーの流れは破壊され、まるで大地震の後の崩壊した都市のような状態になります。そして、脳内ではドーパミンやアドレナリンなどの興奮物質が大量に分泌されて、決壊したダムのようになります。

しかし、その後は大変なリバウンドが待っています。これは薬物中毒に陥った状態と同じです。このようにして、人はよかれと思うことのために自分自身を破壊してしまうこともあるのです。

私たちは、自分自身に起きていることをもっと知るべきです。

戦わない選択と逃げない選択

1995年日本では阪神淡路大震災が起きました。これは新しい時代が幕を開けたことを大地が知らせる出来事でした。それからすでに28年もの月日が流れました。これから先20年の間は、あり得ないスピードで既存の社会が崩壊を遂げて、新しい社会の概念が次々と新しい社会的動向を促します。

ですから、先述した通り、今目の前で起きていることに捕らわれることなく、新しい世界のアイデンティティーとなるような概念を明確に掲げることが必要です。

その一つが、「戦わない選択」を明確にするということ。もう一つはどんなときにもどんなことからも「逃げない選択」をするということです。

戦わないために、そして逃げないために必要なのは対話です。交渉でも説得でもなくフェアな立場で誠実に意見を交わすことができるということが非常に重要になります。ですから、今後は世界中の言語の壁や文化の壁を越えたところで語り合うためのテクノロジーを開発する必要が出てくるでしょう。

今まで多くの人たちは、お金や評価によって、自分の真意を失ってきました。しかし、既存の社会が崩れ始めると、皆が自分の欲求を顕わにするようになります。今までこれはタブーのように思われてきましたが、実はこれはとても大切なことなのです。

人間はむやみに理由もなく何かを欲することはありません。皆求めていることは違います。なぜなら、それぞれも魂は明確に動機と目的を持っています。そして、それは一人ひとり皆違います。ですから、それぞれ明確に求めることがあり、それは一人ひとり皆違うのです。

この大切な魂の望みがわからなくなってしまったために、人は同じものを奪い合うようになってしまいました。

ですから、改めて自分が何を求めているかを探求すること、そして求めている物事をしっかりと探求することが実は対話し合うことを促す基礎となります。

「慈悲」という言葉について、私はマスターたちに教わりました。「慈悲」とは魂が欲する物事を求めて誠実に探求することを言うのだそうです。そして、慈悲の道を究めた者が愛の体現者となるということも教わりました。

テラの楽園を実現するために

それでは、現実的に差し迫る危機的状況に対してどうすればよいのか。それは未来の、つまりまだ起きていないヴィジョンの中に自分を生かすことです。

何度も繰り返しお伝えしますが、「過去＝今＝未来」の法則はいついかなるときにも不変です。このようなときこそ、この法則を使うべきではないでしょうか。

神々の望みは、テラの可能性を実現することです。

テラは、彼女と共にここに存在するすべての生命が調和し、自由に生きる世界を作ることができる素晴らしい才能を持っています。神々はそのための基礎をレムリア時代にも、ムーの時代にも準備しています。

その準備とは、膨大な時間をかけて正確にテラのヴィジョンを実現するための、美しい作業でした。

構造がすべての作用を起こす元になります。そして、その構造を作るのは、音や言葉による振動です。だから聖書には「はじめに言葉ありき」と書かれています。

神々は、テラと共に今私たちが生きる大地の形を作りました。ムー大陸が沈むとき、まるで美しい切り絵のように、今存在する世界の大地の雛形としての日本列島が現れるように、祝詞《のりと》を唱え続けました。

神々は、この楽園に私たちが自由に生きることを、切望してきました。そして今でもずっと神々の祈りは続いています。

エンリルが追放された後、エアは太陽系に戻りました。そして、地球に残されたわずかな仕事を終えると、彼は祈りの輪に入るために引退します。古い時代から私たちの祖先が信仰してきた神々は、神の世界でもすでに長老となり、実務から離れて、祈りという意識の世界に生き続けています。エアもその世界へと入ります。そして、目を覚ましたトートや、大国主命やその子供たち、その他の神々がいよいよ地球上での仕事を始めました。

日本人が目覚めるために必要なこと

こうしてアメリカのポチとなった

さて、ここまで読み進めてきてくださった皆さんは、日本人が何者であるのかを少しずつ理解して、また誇りを取り戻すきっかけにしていただけていれば幸いです。

これも繰り返しとなりますが、その誇りは、決して選民意識のようなものではありません。むしろ、私たちの先祖はアジアの国々の誇りを守り、西側諸国を支配する傲慢で残忍なＤＳ（ディープ・ステート）たちから搾取され続ける運命を食い止めてきたはずです。

しかし、敗戦後はその誇りをどこかに置き去りにして、いつの間にか日本も欧米と同じように経済を追いかけ、競争社会に飲み込まれ、日本人の本当の意味での武器であったはずの気高い精神も失われつつあります。

これまで日本人は世界に対して悪いことをしてきた野蛮な人間たちだと、欧米や、共産主義を裏で操るＤＳは、世界的なキャンペーンを行ってきました。

真珠湾攻撃、慰安婦問題、南京大虐殺など、日本が他のアジアの国から孤立し、世界からも孤立するようにやってきた作戦でした。特に慰安婦問題や、南京大虐殺に関してはまったく事実無根で、日本人は何もしていません。

このキャンペーンのおかげで、太平洋戦争を知らない世代の人たちは、すっかり加害者意識を植えつけられてしまいました。人間にとって、自分に誇りを持てなくなることが一番危険なことです。その証として、戦争の記憶がない人たちが社会をけん引するようになると、一気に国力は低下し、すっかりアメリカのポチですから……。

眠れる深い意識が目覚めるとき

でも、心配ご無用です。先述したように、どんなときにも、その時代を作り、けん引するのは、テラ自身であり、またテラを支援してきた他の惑星や恒星でもあります。他の星たちからのエネルギーは、常に地球に降り注ぎ、私たちにも注がれています。

今までは、地球の中で西側が活性化する時代でした。そして、今その西側の国や種族は、物事を終息させるときです。ですから、長い間続いたエンリル率いるアヌンナキの統治下におかれる運命もこれで終わりました。

そして、今すでに地球の東側が活性化しています。そして、新しい始まりの時を迎え、日本人は、その祖先である神々との共同創造が始まります。

これを機に私たちは、本来の日本人に戻ることができます。

そもそも、80代後半以上の年齢の日本人は、戦争の記憶があるにもかかわらず、韓国や中国の反日感情に対しても、抗議をすることも反論することもせず、ただ沈黙してきました。日本はこのように何が起きても静かに見守ってきたような状態です。これも、そうしようとしたわけではなく、必然としてそうなったのではないでしょうか。

もちろん、終戦記念日や原爆の日には、広島でも、長崎でも、反戦のイベントが行われてきましたが、これはあくまでも反戦であって、敵国だった国を批判することも、抗議することもしませんでした。

このような中立な姿勢が、今後地球が新しいフェーズに入るときに必要だったのです。トートはギリシャ神話の中ではヘルメスです。この神は常に中立な視点を持って物事を見ています。ですから、偏りのない真実を見通すことができます。トートは今地球に戻り、私たちが始める新しい世界のために、力を貸してくれます。

私たちは、これから起きる大きな変化と、世界がひっくり返るような反転作用を、感情的にならずに、トートが見ているような中立な視点を持って、静かに見守る必要があります。トートと共に。


この地に生きる神々の子孫として、また、九龍のスピリットを宿す者として、私たちは神々の意志を受け継いでいます。その眠れる深い意識が目覚める時が来ています。

イエスがかつて神の子と言われたように、私たちは皆神の子であり、また、皆が神の化身としてここに生きています。太古から神々がここに生きて祝詞を捧げることで、現実を創造してきたように、私たちも今、彼らと共に祈りの力によって、未来への扉を開きます。テラが望む「新しい楽園」をここに実現するために。

テラは宇宙の雛形です。ですから、テラが望む新しい楽園をここに実現することによって、この宇宙は楽園となります。

不安がその通りの現実を引き寄せる

皆さんは、今大きなサイクルが終わって、新しいサイクルが始まる時にあるという漠然としたイメージがあるのではないでしょうか。それは多くの人が感じていることでもあります。一時アフターコロナなる言葉がずいぶん使われていましたが、それと同時に、もう元の社会に戻ることはないと、多くの人が言っているのを耳にしたり、読んだりしました。

確かにその通りです。しかし、具体的に何がどうなるかということを理解している人はおそらくいないのではないかと思います。それは、決して悪いことだと思いません。ただ懸念されるのは、わからないことに対して、多くの人は不安に思う癖があることです。そうです、これはパターン化された癖です。未来は不安に思っても変わるものではありませんが、強い不安から恐怖にまで至ると、その通りの現実を選択する確率は、当然高くなります。

私たちが常に覚えておく必要があるのは、未来は確定していないということ、そして、**未来は今の私たちの意識の投影である**ということです。ですから、まだ確定されていない未来に恐怖したり、不安を持ったりすることをなくすための対策が必要になるでしょう。

日本では緊急事態条項が法案として通ってしまうことや、移民受け入れによって、国民にしわ寄せがきて、ますます課税率が上がること、また、南海トラフ地震や、富士山噴火など、挙げていけばきりがないような不安要素はあります。

それでも、何もかもまだ決まったことではありません。ですから、これらを心配して、いろいろなことを伝えてくれている人たちもいますが、それによって恐怖を煽られることは避けたいところです。

大切なのは、思い切りよく終わらせる決意

さて、終わりが来れば始まりが来るのは必然です。しかし、「終わり」にフォーカスする人と、反対に「始まり」にフォーカスする人は大きく分かれます。この二つの違いは非常に大きくその人の人生に作用します。

もちろん、すべての人に終わりが来ます。これから先は、今まで当たり前とされてきたことが何一つ通用しなくなり、まったく新しい世界に突入します。ですから、今どん

な立場にいても、どんなことに従事していても、何に関心があって、何に取り組んでいたとしても、それらを一度すべて手放さなければならないプロセスを通過するでしょう。その期間が長くなるのか、非常に短い瞬間になるかは、人によってまちまちです。それでも、全員が終わりを経験することになります。

テラ自身にとって、これは終わるための終わりではなく、あくまでも始まるための終わりです。でも、皆が同じ選択をしているとは限りません。長い魂の旅を終えて、帰還するための終わりであれば、その人たちにとっては、終えるための終わりとなるでしょう。

これは、それぞれの魂が尊厳を持って選択した道ですから、何を選択したとしてもその道は祝福された道です。ですから、人と比較したり、優劣をつけて評価したりすることなど一切できません。

長い間評価社会の中で、このような概念にさらされていると、どうしても人と比較して、自分はこれでよいのか？　と不安になったりするかもしれません。

答えはいつも「ＹＥＳ！」それでよいのです！

特に日本人は、人と足並みをそろえることや、人と同じであることをよしとしてきました。確かにそれは時として必要なこともあります。でも、今回は、終えるために終わらせなければならない人と、始めるために終わらせなければならない人、人々はこの二つに大きく分かれます。

どちらにしても、思い切りよく終わらせる決意をしましょう。もしも、何らかの執着を残していたり、エゴによって無理やり続けようとしたりすれば、必ず強制終了が待っています。そのときの辛さはとても大きくなりますから、今からあらゆることに対する執着を手放しておきましょう。

「魂の目的」を実現していく人生

私たちは、ともすると自分の本心がわからなくなることがあります。その理由は、思考や感情が複雑になりすぎているせいでもあるでしょう。また、今までは人や社会からの評価、つまりエンリルの評価を恐れて自分に素直になることができなかったこともあるでしょう。

このようなことが癖になっていると、もう何が自分の本心なのかわからなくなってしまいます。そして、いつの間にか自分以外の人間にすっかり成りすましています。それでも、本心がなくなったわけでは決してありません。本心は自分の気づかないところでいつも抑圧されてきました。

このような状態では、自分の本当の力が発揮できません。今は、最も素直な自分になるべく気づくようにしてください。

トートは再び私の元へやってきて言いました。「今、あなた方は自分自身を純化する必要がある」ここから先は、言葉ではなく、私にイマジネーションを与えて理解を促してくれました。

自分の本心というのは、今、終わりと始まりという永遠のサイクルの中心に、肉体を持って生まれてきた皆さんの魂の、動機と目的というコンセプトのことです。それは、一人ひとり独自のものなので、誰とも比較することはできません。そして、どんな規範によっても、どんな価値観や概念によってもそれを制限することはできません。先ほどからお伝えしてきた通り、すべての執着を捨てて、すべてを終わらせたとき、皆さんの本来のコンセプトに基づく人生がスタートします。

ケチな奴隷マインドから脱却しよう

これまでがどんな人生だったか、何をしてきたか、どれだけ努力を惜しまずにやってきたのか、そんなことは一切関係ありません。どんな人も、今から過去を振り返れば、不足が山のように見えてきます。考えが足りなかった、取り組みが足りなかった、配慮が足りなかった……という具合です。そして、自分の浅はかさや未熟さに圧倒されるのが、お決まりのストーリーでしょう。

努力は報われるというのは、あくまでも押しつけられた理想です。頑張って働いてほしい立場の人たちに、うまく洗脳されてしまったのです。その結果多くの人は純粋な感覚を忘れて、利害の概念で物事を測るようになってしまいました。

そもそも努力は、自分がしたくてするものです。自分自身の満足のためであり、自分の誇りのためにするのが努力です。報いなどは関係ありません。

それに対して、努力した者が報われるというのは、その文字の通り「報酬」を与えられるということですから、この考えはそもそも利害の概念で成立しています。

こうしてまんまと人間がケチな奴隷マインドに洗脳されてしまいました。

しかし、私たちが期待してもしなくても、勤勉でも、怠惰でも、関係なく、これからは、この地球上に肉体を持って自分のコンセプトを実現するのか、この世界を去ってスピリットに戻るのか、その二者択一しかありません。

ここに残ったものは、皆自分の道へと必然的にシフトした人生が始まります。ですから、つまらないことで自分を責めたり、被害者意識や加害者意識を持ったりせず、ただ、心をまっさらに純化して、これから起きることを受け止めていきましょう。

水瓶座時代をどう受け止めたらいいのか

Dr.マーリンに学んだ占星学

私は一人でも多くの人に占星学を学んでほしいと思い、今までも皆さんに西洋占星学のクラスを開いてやってきました。私が西洋占星学を教えるようになったのは、宇宙の一人のマスターで、数学者であり、建築家でもある、Dr.マーリンが夢に登場したことがきっかけです。彼は地球ではアーサー王の家庭教師として伝説に出てくる魔法使いマーリンとして知られています。

確かあれは2015年だったと思うのですが、元旦に見た夢でした。突然マーリンの「さあ、よく見てみなさい」という声がして、私は宇宙空間に投げ出されたように、広大な宇宙に浮かんでいました。そして、目の前を、螺旋《らせん》を描きながら高速でこの太陽系が通過していきます。私は後を追いかけてその様子を見ていました。するると、「ほらね、だから地球の占星術は間違っているんだよ」と言うのです。何が間違えているのかと聞くと、「地球から見たら、金星よりも火星のほうが近いじゃないか」「だから、人間は、水星、火星、金星という順番の繰り返しで学んでいかなければならない」と言われました。

確かに地球で占星術を習うとき、私たちは水星の次に金星について学び、その次に嫌われ者のような火星について学びます。しかし、マーリンはまったく違うことを私に教えました。この内容がとても面白くて、私はどんどん興味を持つようになりました。私は、その夢を見た10年ほど前に、友人にお願いして、基礎的なことを一通り学ばせてもらっていました。しかし、その後は忙しさにかまけ、探求することも、活用することもすっかり忘れてしまっていました。

マーリンに教えてもらった内容は、確かに納得できることばかりでした。とてつもなく大きな変化を前にして、多くの人が道を見失い、混乱するのは目に見えていますが、少なくてもマーリンが教えてくれるような斬新な占星学を学んでいれば、自分の道が見えてくるはずだし、それなりの準備もできるだろうと思いました。

占星学と地球の占星術はどこがどう違うのか

占星学は、宇宙では自分のために読むというよりも、宇宙にちりばめられた個性豊かで、とてつもない力を持つ星たちを理解し、そのサイクルの調和や不調和が、宇宙全体の運行にどのような影響を与えているのか、またそれぞれの星たちが、どのようにコミュニケーションし、どのように影響し合い、どう協調しているのかを知ることで、特定のサイクルをそれぞれに見つけ、そのサイクルがどんな意味を持っているかを見つけるような学問です。ですから、今の地球に何が起きるかを宇宙のマスターたちは数十万年も前から知っていました。

このような変化の時期に、私たちは無力に等しい存在です。なぜならこの変化はテラが主体となって、彼女が他の天体たちと協力し合って起こす変化だからです。ですから、私たちは「星の子たち」という表現をされることがありますが、まさにその通りで、テラと共に生きる以上、彼女の持つ性質やリズムから外れることはできません。

ところが、地球上の占星術には、天体としての地球は登場しません。私はこれが不思議でなりませんでした。それでも、私はマーリンのおかげで、興味深い占星学を学ぶことができ、そこからたくさんのことを知ることができたので、ぜひこれを皆さんにも伝えたいと思ってクラスを始めました。

魚座「支配の時代」から水瓶座「解放の時代」へ

さて、巷《ちまた》では「風の時代」という言葉をよく聞きました。それは、約200年という周期で変化するエレメント（12星座を火・風・地・水の性質で分けた4区分）のサイクルなのですが、地の時代から風の時代へと変わったので、今までの現実主義的な価値観から、より知的な関係性を大切にする時代へと変化します。

もう一つのサイクルは、約2万6千年の歳差運動のサイクルを12サインで割ると、だいたい一つのサイン（星座）は2160年ほどになります。これはかなり長い間一つの時代を形成する基礎的な性質を表しています。

だいたい2017年あたりには、すでにこのサイクルの水瓶座時代が始まったとされていますが、この影響で、私たちは急速な変化にアップアップしながらやっとの思いでついていっているような状態です。もしくは、すでにあきらめて気絶状態に陥っているかもしれません。

占星学で言われる魚座時代のエレメントは水です。そして一言で言うと「支配の時代」と定義づけられます。水は非常に重くて、下へ下へと落ちていく性質があります。また、落ちていく滝も、河口に流れる水も、最終的に下に行くほど広がります。社会はまさにその性質通り、巨大なピラミッド型の組織がたくさんできて、トップダウンの作用が強く、上位の者が下の者を支配しました。

また、水は切り分けることができません。ですから、何かとはっきりと分けることができずに、曖昧な点が許される時代でもありました。その分物事は神秘的に映り、人々は目に見えない神秘的なことに惹かれます。ですから、この時代には4大宗教が登場して、これもまた巨大なピラミッド社会を形成しました。そして、水に色のついた水を垂らしても、すぐに同化してすべてが同じになります。このように人は画一的な価値観に収まり、同じような価値観を共有する傾向が現れます。その分人と違うことや、個性を認められにくい時代となります。

また、水のエレメントの特徴として、情緒、精神、霊性といった目に見えないために明確になりにくい部分が挙げられます。ですから、人は非常に感情的になって、物事の事実や真実が曖昧になりやすく、嘘や秘密が横行します。その分精神的なことや霊的なことに人々の意識が向き、癒しを求める傾向が見られます。

こうして見ると、私たちが経験してきた約2160年前から始まったこの時代は、占星学で言う時代の特徴そのままの社会となってきたことがおわかりいただけるでしょう。

それに対して水瓶座時代は「解放の時代」と言われています。エレメントは風で、すべての物事は非常に速いペースで進みます。そして水瓶座は魚座とは真逆で、個々人の独自性が尊重されると同時に、その人の独自性は、所属している集団のために生かすことが要求されます。また公平であることを求める時代でもあり、平等ではない公平な感覚を必要とします。それぞれが自分の力を発揮して、集団のために私心のないチームプレーヤーとなることが促されます。

水瓶座には、「改革」「自立」「インターネット」「科学技術」「社会の完成」といったキーワードがよく用いられます。

現れ出した水瓶座時代のエネルギー

さて、このようにして見ていくと、今はまだ混沌を呈している状態ではありますが、確かに水瓶座の片鱗が見え隠れしているのを感じませんか。世界を見てみると、今までの欺瞞《ぎまん》に満ちた社会が崩壊し、人が自分らしさを追求しようとして模索しています。今までのフワッとした曖昧なスピリチュアルではなく、より科学的な手法で目に見えない意識の世界を探求する動きも出てきています。そして、ここで起きたことはほぼ同時に世界が知ることになり、隠されてきたことも明るみに出てきています。

これから2千年以上の間は、水瓶座のエネルギーがベースに流れ続けることになりますから、私たちはあえてそうしようとしなくても、自然にそのように導かれていくことになります。

とはいえ、いつの時代も先陣を切って新しい世界に飛び込んでいくタイプの人と、いつまでも過去にとどまりたい保守的なタイプの人がいます。ですから、このような時代の端境期には、極端に人の考え方や意見に差ができます。そこで対立が生じ、もめごとから事件へと発展してしまうことも出てきます。

しかし、日本の冬至、春分、夏至、それぞれのチャートを読んでみると、日本は真の意味での独自性である非常に深いところにある霊的な精神を表出して、この国のアイデンティティーを復活させる時が来ていることを示しています。

今一時私たちは不利な立場に立たされて、世界から孤立しているかのように見えていますが、これは必然です。この状態こそが、私たちが世界の動きに惑わされることなく、太古から脈々と流れてきた日本独自の精神を思い起こして、新しい時代をけん引する力を養うために与えられた貴重な時間なのです。

水瓶座時代のエネルギーは、私たちの味方となり、私たちが持つフェアな感覚を世界に広げる力を貸してくれるはずです。

日本人よ、誇りを持って立ち上がれ

最近、韓国の日本統治時代を経験された方たちが、残り少ない人生に悔いを残さないために、勇気を持って日本統治の真実を語り始めています。その方たちが共通して語っているのは、日本の統治下におかれたことに誰も不満を持っていなかったという話です。インフラはきちんと整備され、学校教育のレベルも格段と上がり、先生は皆素晴らしかったと語っています。

そして、韓国人と日本人を差別されることは一度もなかったばかりか、韓国人でも能力があれば、指導的な立場に抜擢されることも当然だったということです。

特に印象的だったのは、「韓国は日本に侵略されてよかった。もしそうでなかったら私たちはロシアの捕虜として捕まり、抑留されていたことだろう」という発言です。

今までの韓国では、このような発言をすれば、裏切者扱いをされて暴行を加えられるケースさえありました。ですから、誰もが口をふさいでいました。その人たちが示し合わせたかのように、同時に声を上げ始めたのも当然と言えば当然ですが、改めて時代のエネルギーの確かさを感じます。

水瓶座時代は、より科学的な視点を持って新しい組織や仕組みを作り、皆にとって公平な社会を形成しようとしますから、物事を歪んだ目で見るような、非科学的なことは許されない時代です。さっそくその効果が現れています。

ですから、この先も心配は無用です。私たちは罪の意識という重荷を下ろし、私たちの自由なマインドを取り戻さなければなりません。

『日本は奇跡の国　反日は恥』（ハート出版）という書籍の著者である元韓国空軍大佐の崔《チェ》三然《サムユン》さんは著書の中で、「日本人は何も悪いことはしていない、誇りを持って立ち上がってください」と書かれています。

この言葉にはとても強いメッセージを感じます。これも私たちの祖先がしっかりとスサノオから流れる精神を受け継ぎ、誇りある行動をとっていたことの証です。

「夢」を活用しよう

夢がもたらしてくれること

さて、西洋占星学の個人の出生チャートでは、その魂のコンセプトが明確に描かれています。しかし、それを読むことは簡単ではないかもしれません。だからこそ、大変奥深く興味が尽きない学問だと言えます。

深淵なる魂の計画が一日や二日で読めるようでは、生まれてきたかいがないというものです。しかし、じっくりと勉強をしてみると、あるときまるで魔法にでもかかったように自分の隠された側面が現れるようになるのです。

実は、それと同様なことが夢にも当てはまります。「夢」の神秘について、考えてみたことがあるでしょうか？　夢は時として未来を告げてくれたり、今取り組むべき課題を明確にしてくれたり、今抱えている問題や、これから起きる問題に対する解決方法を伝えてくれたりします。あるいは、私がナイトスクールと呼んでいるのですが、何かを学習しているケースもたくさんあります。

ナイトスクールには、たくさんの種類があります。それは現実で経験していることに優先順位をつけてファイリングするなどの整理をしたり、また技術的なことを学んでいるときには、練習や訓練をしたりすることもあります。例えばスポーツなどでスランプ気味になったとき、しばらく休んでしっかり睡眠をとるようにしたら、またパフォーマンスが高くなったということが起きるのは、ナイトスクールで効率よく訓練している効果です。

それから、これは科学者などによく起きることですが、まだ地球では知られていない科学や技術の勉強をするためのナイトスクールもあります。以前私のところに来ていたクライアントさんは、科学者ではありませんが、その方は建築家でした。そして、「実は僕は一度も自分で設計したことがないんです。すべて夢で見た通りにやっているだけなんです」と言っておられました。

このようにクリエイティブな分野の仕事をしている方にも、アイディアを提供してくれるようなナイトスクールもあります。

私の場合は、先述したように、マーリンが個人的に授業をしてくれたり、他のマスターに訓練を受けたりすることがたびたびあります。

また、原稿を書いているタイミングで、神々が書いてほしいことなどを夢で知らされる場合もあります。

このように聞くと、夢をもっと活用したいと思いますね。でも、私は夢を見ないから仕方ないと、決してあきらめないでください。

夢を見る人も見ない人も、実は一晩に100以上の夢が意識上には提供されています。しかし、睡眠状態や神経回路などとの関係で覚えていたり、まったく覚えていられなかったりします。

ですから、睡眠環境を変えたり、ちょっとした訓練次第で夢を見ることは可能です。

自分に必要なことが得られる明晰夢

夢のメカニズムは、肉体は眠っている状態で、脳が起きている状態のレム催眠の状態のときに見ると言われます。しかし、肉体が眠っているという表現は正確ではありません。夢見の状態のときには、意識がアストラル領域にしっかりとフォーカスされた状態になります。アストラルは、物理的な現実を生きる人間としての領域と、霊的な領域をつなぐ架け橋となる意識の領域です。

ですから、アストラルレベルに意識がフォーカスされている状態は、ちょうどテレビモニターの画面の前に腰を下ろしたような状態とイメージすることができます。「マトリックス　リローデッド」という映画の最後のほうのシーンで、部屋一面に無数のモニター画面がある部屋が出てきます。そのモニターにはすべてに主人公のキアヌ・リーブスが扮するネオが映っています。そして、その部屋に立っているネオは、「問題は選択だ」というセリフを言います。

まさにこれは皆さんが毎晩経験している夢の仕組みと同じです。

皆さんはアストラルレベルのこのような場に意識をフォーカスすると、周囲にこのように100以上もの画面が見えています。そして、その中から自分に必要な画面を選択して、その中の世界をアストラル世界で経験します。

この領域は可視光線の最も波長の短いところから、紫外線の領域に相応します。ですから、人によって鮮やかな色のついた夢を見る人と、白黒の夢を見る人がいます。また、その日のコンディションによってもフルカラーか白黒の夢かに違いが生じます。

可視光線の領域に意識がフォーカスされることによって、時間軸は崩壊します。ですから夢の世界では、場面が突然に飛躍したり、起承転結が順不同になっていたりします。

そして、もしコンディションがよい状態で夢を見ることができれば、つまり、先ほどのたくさんの画面の中で、的確に自分に必要な画面を選択することができれば、そのときに必要なメッセージを受け取ったり、必要な知識を得たり、あるいは訓練を受けることができたりします。このような夢を明晰夢と呼んでいます。

まさに問題は選択なのです。実際、私たちは夢だけではなく、現実も瞬間的に選択しています。ここにはすでにモニター画面のようにたくさんの可能性が存在しています。その中で常にどれかを選択し続けています。特に今という特別な時期に私たちが選択することは、800年後に生きる人たちに影響を与えると大国主命が伝えてくれました。

夢の中では社会的な制限はありません。そして、物理的な制限もなく、むき出しの自己像を見ることができます。ですから、自分自身が思っている自分とはまったく違う思考をしたり、感情を持ったり、普段の自分ではあり得ない選択をしたりしている自分を経験することがあります。

このような夢の中での経験は、自分の中の不純物を取り除くために非常に有効だと、トートが教えてくれました。

私たちにとって、経験は何にも勝る学びです。そして、それが現実と言われているホログラムの中での経験でも、夢の中での経験でも経験に違いはありません。ですから、夢は皆さんのもう一つの大切な人生です。夢との信頼関係は、霊的な意図や自分自身が生きていくうえでのコンセプトを明確にしてくれます。ぜひ夢を活用してください。

常に大切なことにフォーカスする訓練

頭で考えない、心で判断する

私たちは、そうとは知らずに、長い間奴隷生活を強いられてきたので、どうしても目の前にあるタスクを片づけることを優先してしまう癖がついています。しかし、タスクそのものも過去の自分の意識状態が選択した結果です。ですから、それを無視しろというわけではありませんが、もう一度自分にとって、また自分の今回の人生にとって、何が最も大切なことなのかをしっかり理解するようにしなければなりません。そして、そこにフォーカスし続けることができるように訓練することも必要です。

自分にとって重要なこととそうでないことは、ハートが判断します。決して頭で考えるようなものではありません。むしろ、通常ならナンセンスなことがそのとき自分にとっては優先されるべきことである可能性も大いにあります。

何度も申し上げてきましたが、これから先は今までの当たり前が通用しない世界になります。ですから、頭で考えてもわからない世界だと思っていただいたほうが間違えないはずです。常に柔軟な心であらゆることを受け入れるように、自分を客観的な目で見てよく観察しましょう。


そして、常に今がスタートだということも忘れないでください。昨日と今日は同じタイムライン上に生きているとは限りません。また、夢の世界で経験したことによって、ものの見方も、考え方も変わったかもしれません。そんな自分に気づかずに、いつもと同じ選択をしてしまうと、その先の可能性につながらなくなってしまうかもしれません。

今までの価値観だと、意志を貫く、決めたことは最後までやり通す、優柔不断はよくない、などという価値観がありました。でも今は変化の真っただ中にあって、その変化にしっかりとついていくには、固定的な習慣を捨てて、フレキシブルな自分であり続けるよう努めてください。

これも立派な瞑想

これらのことを実践するには、自分にエネルギーが満ちている状態が必要です。ですから余計な消費を避けるためにも、また過去の繰り返しを避けるためにも、できるだけ余計なことを考えず、極力目の前の現実に反応することを避けて生活してください。

心を安定させて、穏やかに、そして自由であり続けるために、毎日テラとつながる意識をしてください。そのための瞑想などを行うことは極めて有効ですが、何より続けることも大切です。

瞑想と聞くと何となく難しいイメージを持ちますが、難しく考える必要はまったくありません。どんな方法でもリラックスできて、頭の中の余計なおしゃべりがストップして、心も空にできればよいわけですから、お風呂の中でリラックスしたときに瞑想してみるのも、ただボーッとしながら、素敵な絵画を見たり、景色を見たりすることも立派な瞑想になるときもあります。

例えば夜空に輝く満天の星を見たとき、あなたはおそらく考えることをやめ、ただそのスケールと美しさに圧倒されるでしょう。また、広大なグランドキャニオンを前にしたあなたは、日常を忘れ、あなたという存在そのものさえも忘れるかもしれません。これはもう立派な瞑想です。

私たちにとって、環境は何よりの刺激であり何よりの学習です。今まで訓練と言えば難しくて厳しいものだと思っていたとしたら、ぜひ今日からその考えを捨てましょう。新しくて斬新な訓練方法をどんどん実践してください。

頭がおしゃべりをやめたとき、あなたを満たしているのは内なる神の意図です。それこそがあなたにとって最も大切な優先すべきことであるはずです。

地球は、日本はどうなっていくか

始まっている肉体の変容

さて、今の皆さんの最大の関心事は、これから社会がどうなっていくのか、地球がどうなるのか、日本はどうなってしまうのかということでしょう。

もちろん、これらのことは肉体を持って生きている以上最も気になることであるのは当然です。でも、これから大きく変化するのは、まずは皆さん自身であり、地球人類のほとんどの人たちです。

それは、意識や精神ばかりではなく、すでに皆さんの肉体の変容も始まっています。なぜなら、順を追って次々に地球に注がれる天体たちからの信号は、皆さんの中で眠っていたDNAのスイッチを入れて、今まで使えずにいた多くの機能が活性化し始めているからです。

この変化によって、皆さんの五感はより繊細にあらゆることを感じ取るようになるばかりでなく、五感の延長にある次なるセンスも目覚めてきます。暗い中でもよく見えるようになったり、今よりもずっと恒常性機能が発達することによって、暑さや寒さにも耐えられるようになったり、食べることに対する感覚にも変化が生じるでしょう。

今までは、匂いや見た目で口や舌が食べたいと欲していることが多かったはずです。しかし、これからは真に肉体にとって必要なものを食べたいと感じるようになるでしょう。

そして、最も重要なのは、テラを身近に感じ、共に生きている感覚を多くの人が実感するようになります。私たちとテラは、胎児がへその緒で母体とつながるように、常に一体であり、テラの意識場、つまりエネルギーフィールドの中で私たちは生きています。

特にこれらの変化は日本人から始まります。ですから、しばし日本人は孤立した状態である必要もあるかもしれません。

今回のこの大きなエネルギーの反転による変化の中心は日本ですから、目に見える変化も見えない変化も、必ず日本から始まります。そして、私たちの中で確実にテラとコミュニケーションし、未来のヴィジョンを共有できる者がこの変化をリードしていくことになるでしょう。

私たちは、どの人も、広大な宇宙にたった一人しか存在しないオリジナルです。その一人ひとりに大切な役割があります。これから目覚めた人たちは、それぞれの役割を淡々とこなし始めるでしょう。

そして、新しい文化の中心となるのは必ず日本です。私たちは、大いに活性化して、世界をけん引していく立場になるはずです。

求めることが大きく変わる

人が持つ機能が発達して、意識が変われば必然的に価値観も概念も大きく変化します。ですからこれも必然的に、今までのように所有することに皆が価値を持たなくなります。これまでは所有＝ステイタスであり、人はより良いものをより多く所有することを目的にすり替えてしまった感があります。そのためにすべての物事の動機がお金になってしまいました。

しかし、実際に私たちが欲しいのは、実は感覚なのです。お金を得て素敵な家に住むのも、高級車に乗るのも、おしゃれな服装をしたり、豪華なジュエリーを身に着けるのも、高級レストランで食事をするのも、海外に旅をするのも、人から評価を得ることも、もちろん何らかの社会貢献をすることで、人から尊敬されることも、それそのものに価値があるわけではありません。これらの経験を通して五感を満たすことが目的です。

ですから、先述したようにこの五感そのものに変化が起きることによって、人が求めることが大きく変化します。

私たちは多くのものを持つことで満足することはなくなり、季節の移り変わりや、大地の逞しさや厳しさ、風の心地よさや運んでくる香りのかぐわしさなどに敏感に反応し始めるようになります。そして、次にエネルギーの流れや作用に関心が向かいます。エネルギーの流れる形は非常に美しいものです。そしてその形によって正確に機能を果たしているエネルギーに感動を覚えるでしょう。また、水がすべての叡智を運ぶこともわかるようになります。

究極的に、私たちは感覚を使ってあらゆる情報を集めて、それらをより洗練させた形にして記憶することが重要だということにも気づきます。

感覚は人それぞれに違うものです。ですから、自分にしかない感覚を磨いて、それぞれが個性を生かし、より心地よい環境を創造するために研究をし始めるようになるでしょう。

今までの経済中心から、知的好奇心を満たすための探求が中心となる社会へと変貌を遂げるようになります。それに伴い、教育が大きく変わります。誰かが教壇に立って、一方的に教えるのではなく、互いに学び合い、知りたいことを探求するための方法や技術を学び、それぞれが自立した形で学んだり、研究したりします。そして、新しい知識や技術や、あらゆる発見は、すべての人が知ることができるように、公平に分配されるようになります。

人、自然、大地、すべてが調和する

今までの地球社会では、人と人との関係性が調和することがありませんでした。常にどこかで対立が生じ、大人の世界にもいじめがあり、阻害したり、排除したり、傷つけたりし合いました。そして、どこかで戦争をして、どこかで多くの人が命を奪われたりしていました。

こんなふうに不調和を作り出す根っこにある問題は、情報の格差だと言っても過言ではありません。

特に水瓶座という風のエレメントの時代で、しかもフェアであることを求める時代ですから、情報が誰にでも等しく受け取ることができる世界を目指すことは、人と人との関係のみならず、人と他の動物や植物、魚や鳥たち、そして自然のすべての元素や、大地との関係にも調和が生まれるようになるでしょう。

私は2010年に、はっきりと未来の地球につながった記憶があります。それは新しい夜明けから始まりました。空の高いところから低いほうに向けて、美しい群青色のグラデーションが広がり、その下のほうには地平線からより高い空に向かって、茜《あかね》色のグラデーションが徐々に上昇しています。

そして空気はとても澄んでいて、清々しい香りがします。緑は深く濃い色をしています。中央には巨大な木がそびえ立っていて、その下には柔らかい絨毯のように苔が敷き詰められ、そのあたりにはユニコーンがいました。ユニコーンたちは声に出して言葉を発したりはしませんが、ETたちがよく使っているように、テレパシーによって、イメージを与え合うことでコミュニケーションすることが可能です。

そこは今の地球よりも重力が少なく、すべてが軽く感じます。とても居心地がよくて、力強いテラの生命のエネルギーに抱かれている圧倒的な安心感を得ることができました。

皆さんの中にも、すでに未来の地球のヴィジョンは共有されています。それが目覚めたとき、あなたも自分の役割を果たすために立ち上がるでしょう。

宇宙における新たな地球の役割

そして次元間移行へ

日本が世界の雛形であるように、実は地球は宇宙の雛形です。もちろん「上の如く下も然り」ですから、宇宙で起きていることは地球で起きてきました。しかし、この作用も反転します。ですから、これからは地球がとても重要な役割を果たすことになります。

今までこの宇宙では、ほんの一時も戦いがないときはありませんでした。常にどこかがどこかを征服してきたために、常に地図を書き換えなければならないような状態でした。

しかし、2022年半ばから後半にかけて、あらゆる変化が起き、ついに翌年の2月ころからは、銀河連合だけではなく、志を同じくする種族たちが協力し合って、統合に向けてのかなりスピード感のある、少々強引な活動をし始めて今の状態にこぎつけています。

先述してきた通り、無力な地球を占領してきたＥＴたちは、強制的に地球から追放され、新しい秩序が生まれようとしている一方で、今までＤＳとして世界を支配してきた地球人やクローンたちが、頼りにしてきたＥＴたちを失って混乱しています。

しかし、遅かれ早かれこうなっていたことでしょう。特に地球は宇宙の雛形としての役割を果たしていくために、十分な準備が必要です。そのためには、一刻も早く皆がいるべきところに収まる必要があります。つまり、自分にとって必要な環境に身をおくことを優先させる必要があります。

そのためには、今は勇気を持って選択しなければならないこともあるでしょう。

新しい文明はこれから約７７７年かけて最盛期に向かいます。ですから、一番栄える瞬間に、私たちがここに再び肉体を持って居合わせることができるかどうかはわかりません。それでも、約８００年後を創造するのは、そのときに生きている人たちではありません。今ここに存在している私たちです。

私たちが、瞬間瞬間に思ったり考えたりすること、行動や言動、そして選択したことはすべて創造行為です。これらが８００年後を選択するのです。

テラは今、誕生から約46億年ぶりに初めて、地球人ホモ・サピエンス・サピエンスと共に、自立を果たし、ここに新しい楽園を作るチャンスを獲得しました。

長い時間をかけてこのときのために準備をしてこられた神々と、祈りの民族である私たち日本人の共同創造が始まります。私たちは、どんなときにも誇り高く、誰に対してもフェアに向き合うことができる、私心のないチームプレーヤーとしての資質が十分にあります。

新しい地球は、統合され調和する世界です。このような世界を実現することによって、宇宙全体が調和し、やっと一つの世界としての機能を果たすことになります。そうなったときに、ここは異次元へとワープするのです。

おわりに　素晴らしい楽園を地球に

最後まで読んでくださったことに心から感謝します。

今あり得ないほどの癒しの力によって、皆さんは魂が紡いできたたくさんの人生のカルマを清算するチャンスに恵まれています。これは本当の意味で、古い時代が終焉して、新しい時代、新しい世界、新しい次元が開かれることの証です。

ですから今、毎日起きるささやかな出来事の中にも、長い間解けずに苦しんできた難しい問題に解答が出るようなことが起きるかもしれません。また、取り立てて明確な理由があるわけでもないのに、人間関係がこじれたり、対立してしまったりしてきた関係性も、驚くようなきっかけで健全な関係になることがあるかもしれません。

人間関係の場合は、見事に卒業して別離という形で解決することもあるでしょう。また、反対に、より親密な関係となって新しい活動を共に創造することになるかもしれません。いずれにしても、心の底に痞《つか》えていたようなものが消えて、清々しい関係になるはずです。

病に苦しんできた人は、突然に快方に向かうかもしれません。また、晴れて痛みや苦しみから解放されて、この世を去ることができるかもしれません。

どんなことが起きても、それは与えられた癒しなのです。ですから、疑うことなく受け取って、まっすぐに明るい可能性に満ちた世界を創造し続けるのが私たち日本人の重要な役割です。

これから日本を中心とした新しい文明は、約777年後に最盛期を迎えます。その時に私たちはこの世界に生きていないかもしれません。それでも、私たちはこの新しい文明の最も重要な役割を引き受けた魂です。

なぜなら、約777年後に生きる人たちは、その時の社会を創造することはできません。今生きている私たちにしかその時代を創造することはできないからです。

同じように、私たちがこの苦しい時代を何とかしようともがいても、どうしても変えることができなかったように、未来に生きる人たちはさらにその先の未来の社会を創造することはできても、最盛期を迎えた最も素晴らしい世界を創ることは叶いません。彼らは、その素晴らしい世界を経験してその記憶を宇宙の共有財産として返す役割を担った魂です。

もちろん、皆さんももしかしたらその一人として再び地球に生まれてくるかもしれません。

そうだとしたら、自分がどんな思いでこの世界を創造したのかよくわかっていますから、なお素晴らしい経験となるでしょう。

さあ、私たちの祈りが未来を作ります。

慈悲の心＝魂の希望を掲げて、地球人も、そうでない者たちもすべてを受け入れ、すべての生き物が互いを慈しみ、互いを尊敬し合える素晴らしい楽園をここに一緒に創造しようではありませんか！

２０２３年８月８日

Saarahat

宇宙《うちゅう》と神様《かみさま》の真実《しんじつ》

次元上昇に向かう今、日本人にしかできないこと

2023年 9月30日　初版発行
2023年11月26日　3刷発行

著　者……サアラ
発行者……塚田太郎
発行所……株式会社大和出版
東京都文京区音羽1-26-11　〒112-0013
電話　営業部03-5978-8121／編集部03-5978-8131
http://www.daiwashuppan.com
印刷所……誠宏印刷株式会社
製本所……株式会社積信堂
装幀者……斉藤よしのぶ

ISBN978-4-8047-6417-7

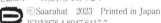